W0283983

Durchblick

5/6 Realschule Niedersachsen

Geschichte

Arbeitsheft

Moderator:
Ralf Tieke

Autorinnen und Autoren:
Jutta Brenneke
Uwe Hofemeister
Klaus Langer
Martin Lücke
Wolfgang Pankratz
Ralf Tieke

Westermann

Bildquellen:
akg-images, Berlin: S. 56 (3)
Archäologisches Landesmuseum Schloss Gottorf, Schleswig: S. 14
Askani, B., Schwetzingen: S. 42
Aventinum Verlag, Prag: S. 12.3
Bildarchiv Preußischer Kulturbesitz, Berlin: S. 60, 63 (2)
Clasen, Chr., Hamburg: S. 5, 13.3 - 5, 16 re.o., 27, 28
Corbis, Düsseldorf: S. 6.3 (archivo Iconografiko S.A.)
Foddanu, M., Düsseldorf: S. 6.4
Kesper, I., Salzkotten: S. 34
Kunsthistorisches Museum, Wien: S. 55
Liechtensteinisches Landesmuseum, Vaduz: S. 13.2 o.
Liepe, J., Berlin: S. 24
Lohrey-Zwick, M., Brachttal: S. 36
Museum für Urgeschichte des Landes Niederösterreich, Asparn: S. 12.1 (Zaya)
National Martime Museum, Greenwich: S. 61 o.
Picture Alliance, Frankfurt/M.: S. 6.1 (akg-images), 6.2 + 6.5 (akg-images/W. Forman), 9 u. (dpa/M. Gerten)
Röm.-Germ. Zentralmuseum, Mainz: S. 30
Römisch-Germanisches Museum, Köln: S. 12.2
Schmidt Fotografie, Regensburg: S. 13.1
thom bahr GRAFIK, Mainz: S. 17, 29, 32
Tonn, D., Bovenden: S. 10, 11, 12.4 - 6, 16 u. (3), 17, 18, 20, 33, 40, 41, 44, 48, 50 o.
Weis, S., Luxemburg: S. 23 u.
Westermann Kartographie/Technisch Graphische Abteilung: S. 7 o., 8, 15, 16, 23 o., 26, 31, 35, 38, 39, 43, 47, 49, 50 u., 61 u., 64
Westfälisches Museum für Archäologie, Herne: S. 13.2 u.

Textquellen:
S.33: Bein, R.: Reisen in die Vergangenheit. In: Praxis Geschichte 5/1996, S. 32-36 (vereinfacht und gekürzt).
S. 45: Güterverzeichnis des Klosters St. Germain-des-Pres in Nully: nach der Übersetzung von Arno Borst. In: Lebensformen im Mittelalter, Berlin: Propyläen 1973, S. 374.
S. 53: Andreas Kunz-Lübcke, Das Kind in den antiken Kulturen des Mittelmeers, Neukirchen-Vluyn: Neukirchener 2007, S.197.
S. 59: A: Archiv Jutta Brenneke.
B: Hans Rosenthal: Zwei Leben in Deutschland, Bergisch-Gladbach: Lübbe 1987, S. 37/38.
S. 60: M1: Perfahl, Jost: Der Traum vom unentdeckten Land. Aus dem Bordbuch des Kolumbus, München: Langen-Müller 1992.
S. 62: M1: Dickmann, Fritz (Hg.): Geschichte in Quellen, Bd. 3, München: bsv 1976, S. 76f.
M2: Dickmann, Fritz (Hg.): Geschichte in Quellen, Bd. 3, München: bsv 1976, S.81f.
M3: Levillier, Roberto: Gobernantes del Peru, Bd. 1, Madrid, Rivadaneyra S. 529, Übersetzung: Martin Lücke.
S. 63: M3: Dor-Ner, Zvi: Kolumbus und das Zeitalter der Entdeckungen, Köln: vgs 1991, S. 236.
M4: Dickmann, Fritz: Geschichte in Quellen, Bd. 3, München: bsv 1976, S. 76f.
M5: Dickmann, Fritz: Geschichte in Quellen, Bd. 3, München: bsv 1976. S. 73.
M6: Dickmann, Fritz: Geschichte in Quellen, Bd. 3, München: bsv 1976, S. 82ff.

Mit Beiträgen von:
Lambert Frenken, Monika Lenniger, Dietmar Schulte-Möhring, Hildegard Wacker, Gerhard Wieziolkowski, Jürgen Witzmann

© 2008 Bildungshaus Schulbuchverlage
Westermann Schroedel Diesterweg Schöningh Winklers GmbH, Braunschweig
www.westermann.de

Das Werk und seine Teile sind urheberrechtlich geschützt. Jede Nutzung in anderen als den gesetzlich zugelassenen Fällen bedarf der vorherigen schriftlichen Einwilligung des Verlages. Hinweis zu § 52a UrhG: Weder das Werk noch seine Teile dürfen ohne eine solche Einwilligung gescannt und in ein Netzwerk gestellt werden. Dies gilt auch für Intranets von Schulen und sonstigen Bildungseinrichtungen.
Auf verschiedenen Seiten dieses Buches befinden sich Verweise (Links) auf Internet-Adressen. Haftungshinweis: Trotz sorgfältiger inhaltlicher Kontrolle wird die Haftung für die Inhalte der externen Seiten ausgeschlossen. Für den Inhalt dieser externen Seiten sind ausschließlich deren Betreiber verantwortlich. Sollten Sie bei dem angegebenen Inhalt des Anbieters dieser Seite auf kostenpflichtige, illegale oder anstößige Inhalte treffen, so bedauern wir dies ausdrücklich und bitten Sie, uns umgehend per E-Mail davon in Kenntnis zu setzen, damit beim Nachdruck der Verweis gelöscht wird.

Druck A^3 / Jahr 2010
Alle Drucke der Serie A sind im Unterricht parallel verwendbar.

Redaktion: form & inhalt verlagsservice Martin H. Bredol, Seeheim-Jugenheim
Herstellung: Corinna Herrmann, Frankfurt am Main
Layout und Umschlaggestaltung: Dietrich Otto, Braunschweig
Satz: thom bahr GRAFIK, Mainz
Druck und Bindung: westermann druck GmbH, Braunschweig

ISBN 978-3-14-**111795**-0

Inhalt

Einführung in die Geschichte

Leben in vorgeschichtlicher Zeit

Ägypten – Hochkultur am Nil

Die Griechen

Das Römische Reich

Königsherrschaft im Mittelalter

Leben im Mittelalter

Längsschnitt: Das Kind in der Geschichte

Entdeckungen und Erfindungen

Eine Zeitleiste erstellen

1 Kopiere die Seite, schneide die Bilder zum Thema „Wohnen im Laufe der Geschichte“ und die Textkästen aus und klebe sie in der richtigen zeitlichen Reihenfolge auf.

A

B

C

D

E

F

G

H

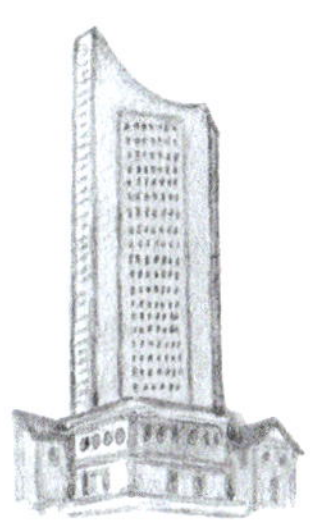
I

Wohnhöhle,
bewohnt vor 60 000 Jahren

Zelt aus Fellen,
errichtet vor 25 000 Jahren

Langhaus der Jungsteinzeit,
um 6 000 v. Chr

Römisches Mietswohnhaus,
um 100 n. Chr.

Fachwerkhaus, erbaut um 1700,
später umgebaut

Mietskasernen, erbaut um 1880

Siedlung Berlin Britz,
erbaut 1925-1927

City-Hochhaus in Leipzig,
erbaut 1968-1972

Einfamilienhaus, erbaut 2008

Die Zeit in Epochen einteilen

1 Ordne jedem Bild die richtige Epoche zu und trage sie auf der Linie unter dem Bild ein.

Urgeschichte – Mittelalter – Antike – Frühgeschichte – Neuzeit

(1) Reinmar der Fiedler spielt zwei Damen zum Tanz auf (Buchmalerei, um 1310–1340)

(2) Tänzerin (Wandgemälde in Pompeji, um 60 n. Chr.)

(4) Eine Schulklasse beim Unterricht (2008)

(3) Felszeichnung aus der Jungsteinzeit in der Höhle von Tormón in Spanien (entstanden 8000 bis 6000 v. Chr.)

(5) Gäste auf Stühlen, Dienerin, Musikantinnen und Tänzerinnen (Szene aus einer Wandmalerei, Ägypten, zwischen 1550 und 1295 v. Chr.)

Die Entwicklung des Menschen

A: Vormensch **B: Frühmensch** **C: Altmensch** **D: Jetztmensch**

1 **Ordne die gekennzeichneten Buchstaben den entsprechenden Menschentypen zu. Beachte dabei, dass die in Kreisen stehenden Buchstaben in die Kreise kommen, die quadratisch gekennzeichneten Buchstaben in die Quadrate.**
Das Lösungswort ergibt einen Begriff aus der Jungsteinzeit.

1. Sie bestatteten schon ihre Toten. (T)
2. Sie lebten vor mehr als 3 Millionen Jahren. (H)
3. Sie lebten in Dörfern. (E)
4. Sie waren sehr kräftige Menschen und sehr erfolgreiche Jäger. [I]
5. Sie betrieben schon Ackerbau. [R]
6. Sie beherrschten das Feuer. (U)
7. Sie stellten schon die ersten Werkzeuge aus Stein her. [S]
8. Sie lebten in Afrika, Lucy war eine von ihnen. [A]

	Kreis	Quadrat
A: Vormensch	○	□
B: Frühmensch	○	□
C: Altmensch	○	□
D: Jetztmensch	○	□

Das Lösungswort lautet:

____

2 **Nenne vier Beispiele zu dem Lösungswort.**

1. ______________________ **2.** ______________________

3. ______________________ **4.** ______________________

Fundorte und Lebensräume der frühen Menschen

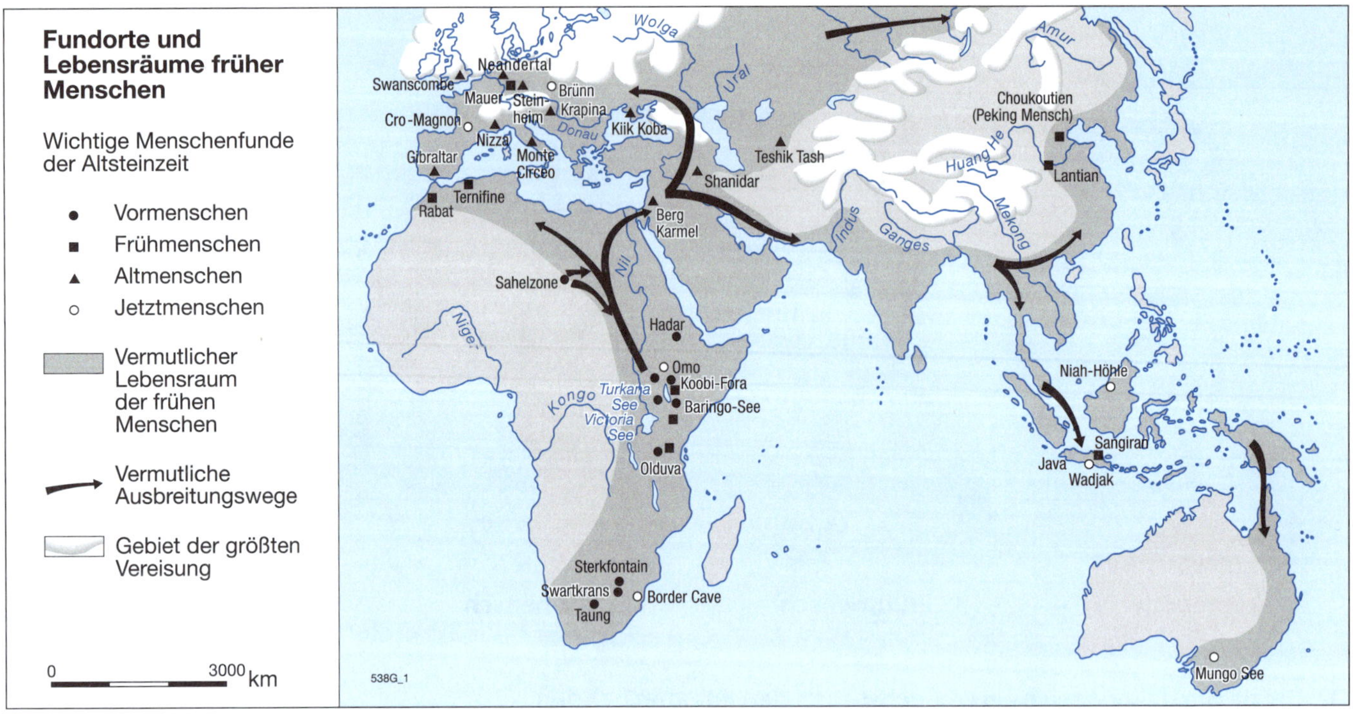

1 Nenne einen großen Erdteil, der auf der Karte nicht dargestellt ist. Überlege, warum er fehlt.

____

____

2 Nenne die Kontinente, auf denen vermutlich die frühesten Menschen gelebt haben.

a) ____________________ b) ____________________

c) ____________________ d) ____________________

3 Begründe, warum es im Norden von Europa keine Fundorte von Menschen aus der Altsteinzeit gibt.

____

____

4 Beschreibe mithilfe der Karte, wie sich die Menschen ausgebreitet haben.

____

____

____

Der Neandertaler

Die Forscher haben versucht, das Aussehen eines Neandertalers aus aufgefundenen Überresten (Bild in der Mitte) zu erschließen, zu „rekonstruieren“. Auf dem Bild rechts ist ein derartiges Modell zu sehen. Es fehlt nur noch der dichte Haarwuchs.

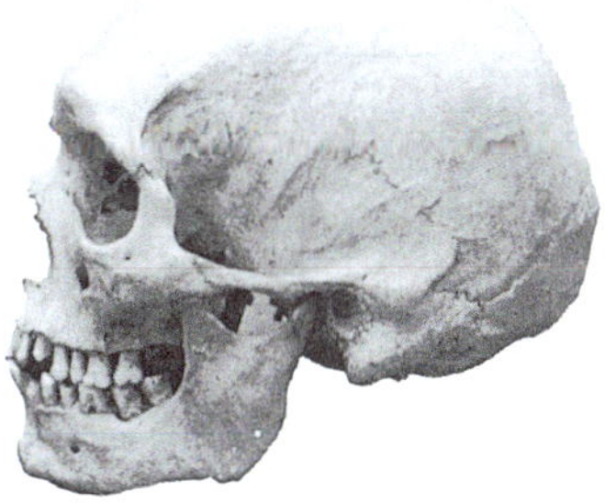

Heutiger Mensch

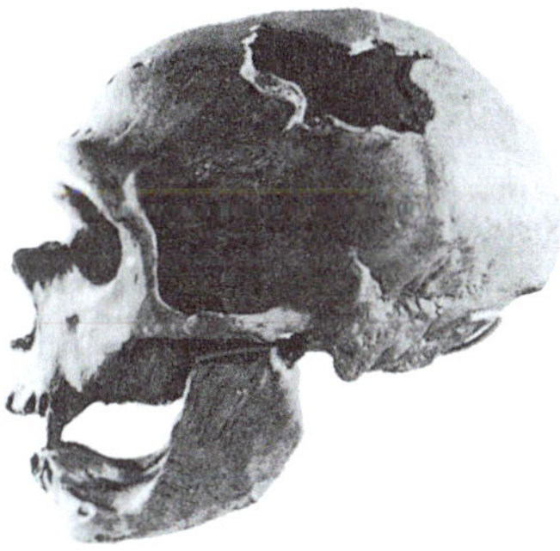

Neandertaler

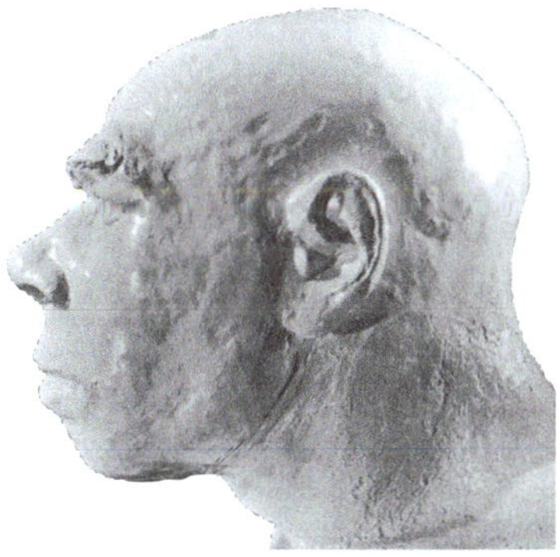

Modell eines Neandertalers

1856 wurden in der Kleinen Feldhofer Grotte im Neandertal bei Düsseldorf menschliche Knochen gefunden. Die Wissenschaftler konnten feststellen, dass diese Menschen zu einer Menschengruppe gehörten, die wir heute als HOMO SAPIENS (weise, vernünftige Menschen) bezeichnen. Da die Knochen im Neandertal gefunden wurden, nennt man alle damaligen Menschen, die diese Formen haben, Neandertaler (Homo sapiens neanderthalensis). Sie sind eine Frühform des Homo Sapiens und haben ungefähr von 130 000 bis etwa 25 000 v. Chr. gelebt. Ihre Größe war ungefähr 1,60 m und ihr Körperbau zeigte sich stark und kräftig.

1 Vergleiche die Schädelform des Neandertalers und des heutigen Menschen. Notiere Unterschiede:

____

____

____

2 Berichte über die Neandertaler.

____

____

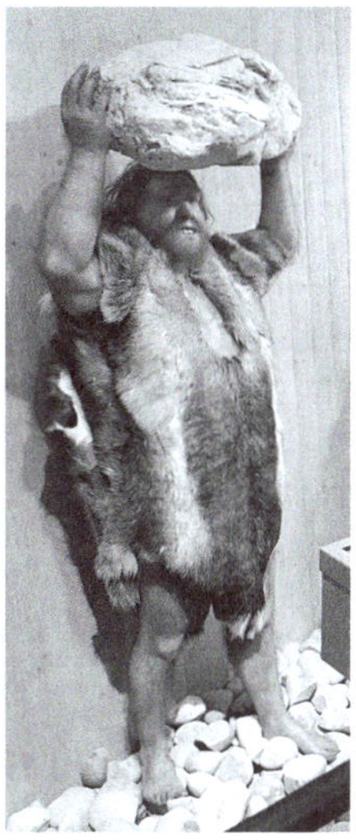

Rekonstruktion eines Neandertalers

3 a) Beschreibe das Aussehen des Neandertalers.
b) Vergleiche das Aussehen mit dem eines Jetztmenschen. Benenne Unterschiede.

____

____

____

Eine Jagdbeute wird verarbeitet

1 Benenne das Jagdtier:

____

2 Male das Tier farbig an.

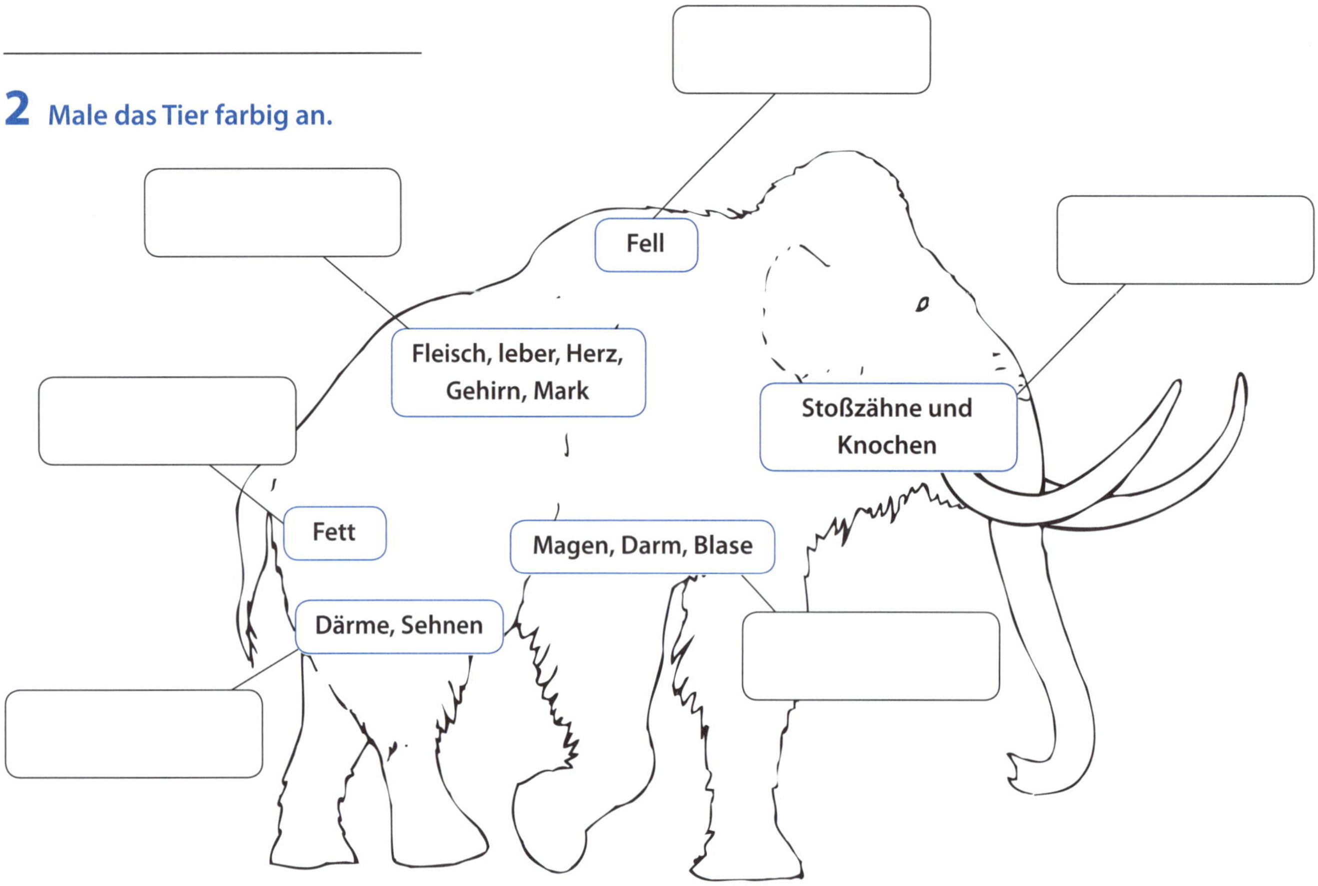

3 a) Trage in die Kästchen am Mammut die passenden Zahlen der abgebildeten Lösungssteine ein.
b) Begründe deine Zuordnung.

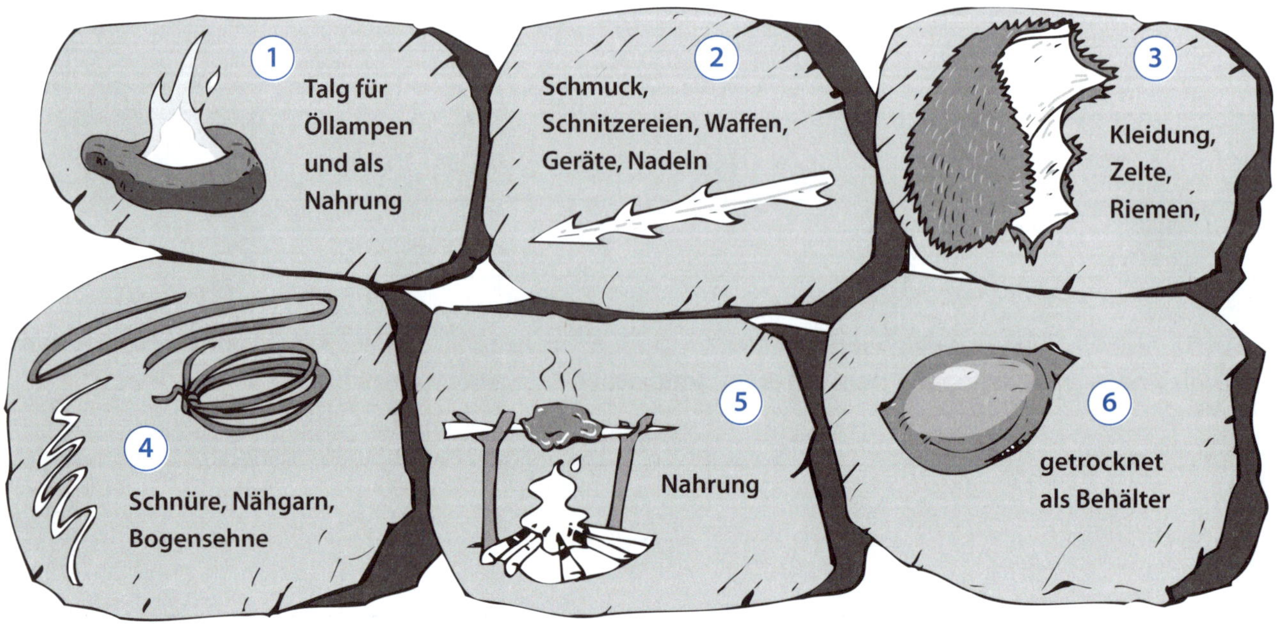

Menschen werden sesshaft

Die Zeichnungen helfen dir dabei zu begründen, warum die Menschen in der Jungsteinzeit sesshaft wurden.

1 **Schreibe die Gründe dafür, dass die Menschen sesshaft wurden, in kurzen Sätzen neben den Bildern auf.**

Altsteinzeit oder Jungsteinzeit?

1 Schreibe den Namen des Gegenstandes auf die Linie unter das jeweilige Bild.

1. ____________________

2. ____________________

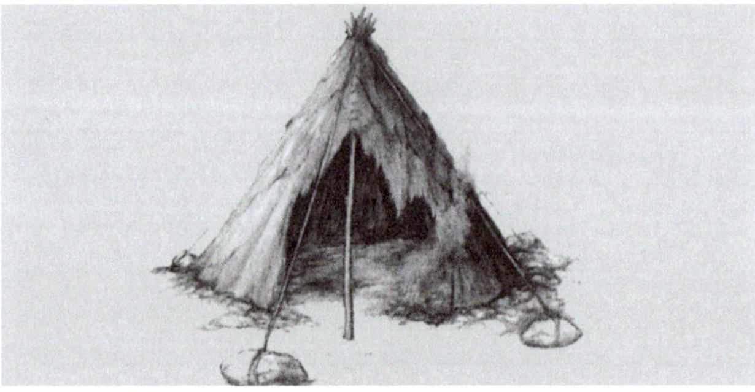

3. ____________________

4. ____________________

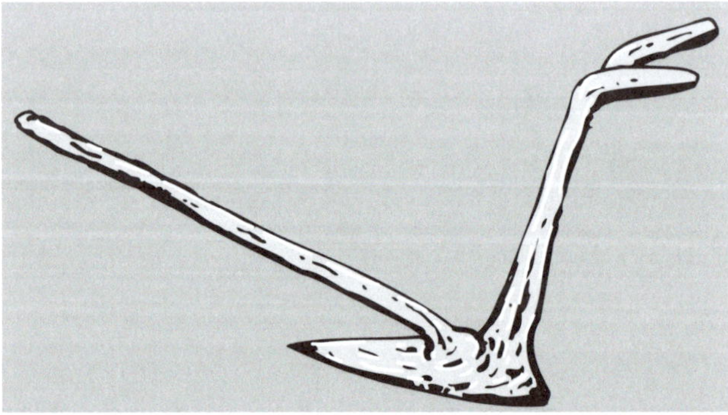

5. ____________________

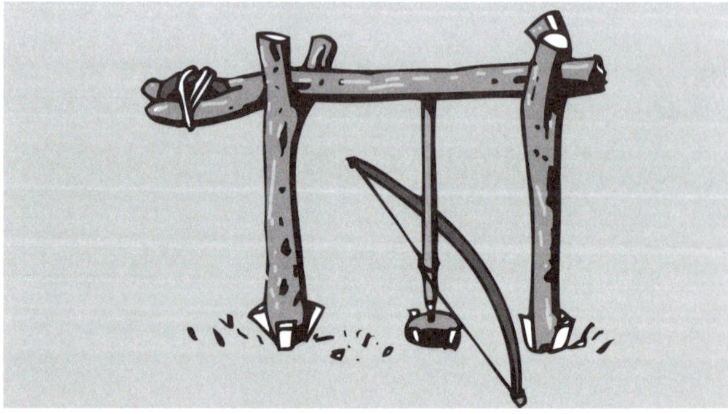

6. ____________________

2 Ordne die Gegenstände der Altsteinzeit oder der Jungsteinzeit zu.

Altsteinzeit	Jungsteinzeit

Werkzeuge und Geräte der Jungsteinzeit

Jungsteinzeitlicher Steinbohrer (nachgebaut)

1 Erkläre, wie der Steinbohrer funktioniert (1 und 2).

2 a) Erkläre den Unterschied einer durchbohrten Steinaxt (2b) zu dem Steinbeil im Buch (M2 auf Seite 30).

b) Du willst einen Baum fällen. Welches Gerät würdest du benutzen? Begründe deine Antwort.

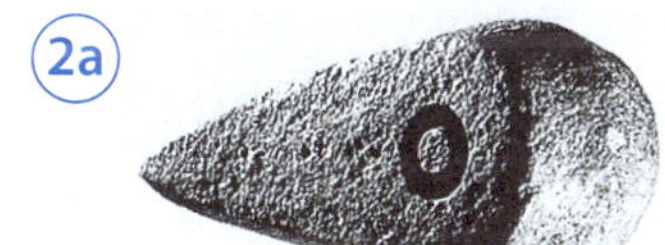

Steinäxte – ein unfertiges und ein fertig durchbohrtes Werkstück (noch ohne Holzstiehl)

3 Zur Vorbereitung des Bodens für die Aussaat benutzten die Menschen Grabstöcke (4) und Hacken (5), später Spaten aus Holz und dann Pflüge (3). Erläutere, was die einzelnen Erfindungen für die Menschen der Jungsteinzeit bedeuteten.

Von einem Ochsengespann gezogener Hakenpflug

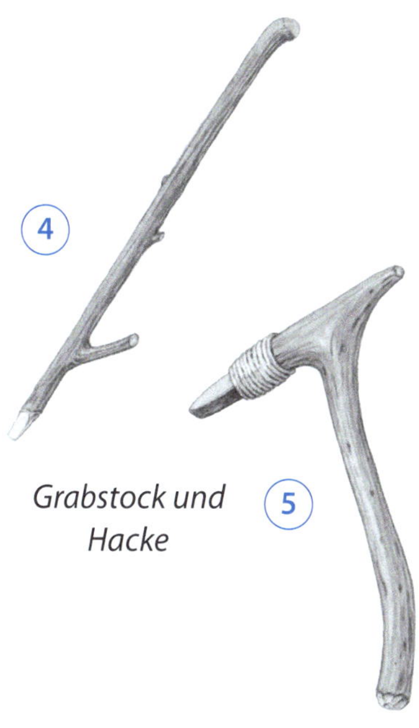

Grabstock und Hacke

Der Werkstoff Bronze und die neuen Berufe

1 Schreibe die Namen der abgebildeten Gegenstände auf.

① ____________________
② ____________________
③ ____________________
④ ____________________
⑤ ____________________
⑥ ____________________
⑦ ____________________
⑧ ____________________

2 Erläutere die Vorteile, die der neue Werkstoff Bronze gegenüber den Werkstoffen Feuerstein und Kupfer hat.

____

____

____

____

____

3 Fülle die Lücken aus. Die Seiten 34/35 in deinem Buch helfen dir.

In der Jungsteinzeit waren alle Menschen Bauern. Als Folge der Bronzeherstellung und -verarbeitung kam es zur Arbeitsteilung. Neue Berufe entstanden in der Metallzeit:

Der ____________________ baute unter Tage Kupfer- und Zinnerze ab, sammelte die Erzbrocken in Körben und transportierte sie nach oben. Im Wald schichtete der ____________________ Holzstöße (Meiler) auf, bedeckte sie mit einer Erdschicht und ließ sie durch geringe Luftzufuhr zu Holzkohle verglimmen. Der ____________________ schmolz Kupfer und Zinn aus dem erzhaltigen Gestein heraus. Durch das Zusammenschmelzen der beiden Metalle entstand dann Bronze. Seinen Schmelzofen beheizte er mit Holzkohle, denn sie erzeugte eine heißere Glut als einfaches Holz. Der ____________________ füllte die flüssige Bronze in die verschiedenen Gussformen. Bis zum Glühen erhitzte Geräte konnte der ____________________ dann später noch verformen. Danach brachte der ____________________ die Geräte und den Schmuck in die Dörfer und tauschte sie dort ein.

Der Nil – die Lebensader Ägyptens

Wassertiefe des Nil bei Assuan	**Januar:**	**2,00 m**	**April:**	**1,00 m**	**Juli:**	**4,00 m**	**Oktober:**	**6,00 m**
	Februar:	**1,70 m**	**Mai:**	**0,60 m**	**August:**	**6,00 m**	**November:**	**3,70 m**
	März:	**1,30 m**	**Juni:**	**1,20 m**	**September:**	**8,00 m**	**Dezember:**	**3,00 m**

1 Stelle die Wasserstände des Nil in einem Säulendiagramm dar.

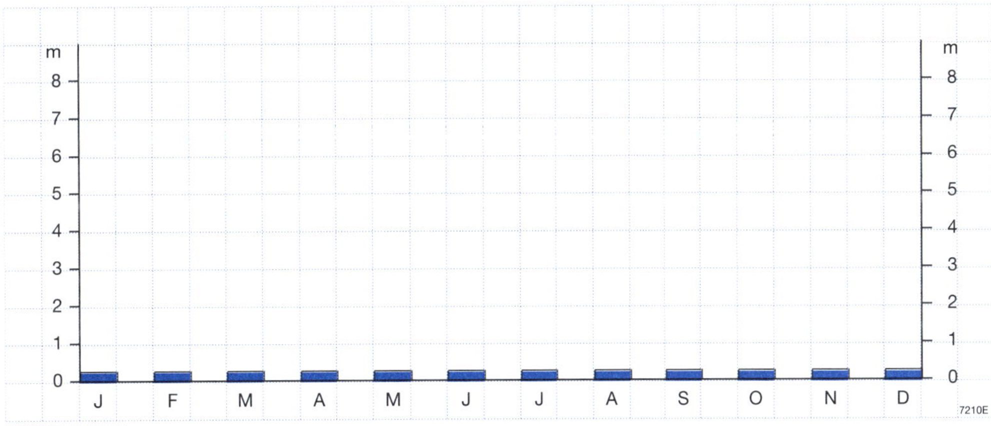

2 Auf den Zeichnungen siehst du einen Querschnitt durch das Niltal. Zeichne den Wasserstand des Nil ein. Male die Bilder farbig aus.

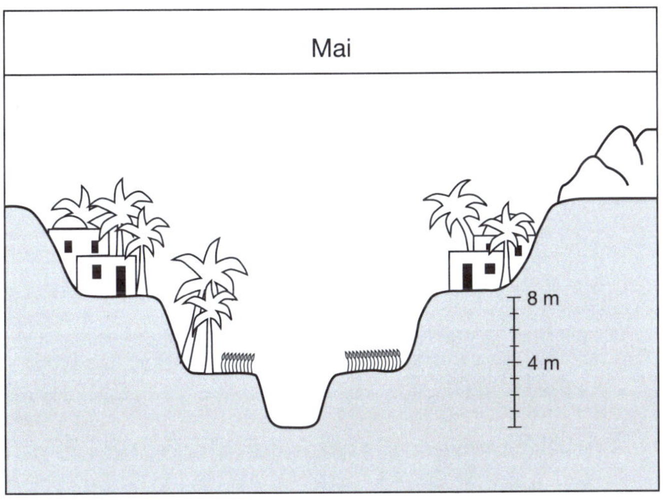

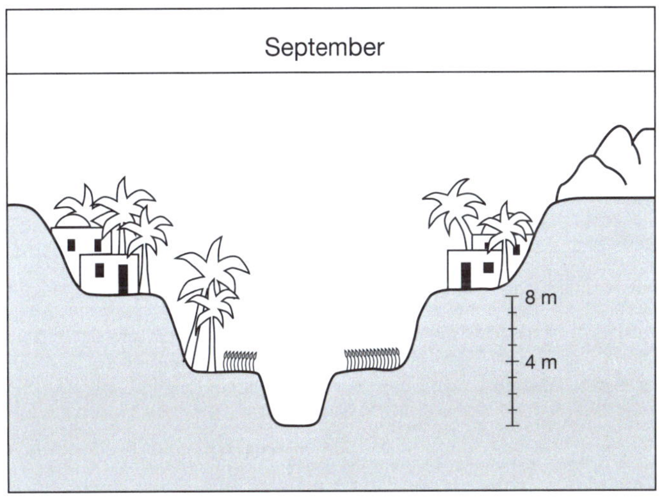

3 Ordne die folgenden Angaben den entsprechenden Aussagen zu:

Abklingen der Flut – Heranwachsen des Getreides – Erntezeit – Überschwemmung

Die Ägypter sagen:	Angabe zum Zeitraum:
„Drei Monate ist Ägypten eine weiße Perle."	
„Drei Monate eine schwarze Haut."	
„Drei Monate ein grüner Smaragd."	
„Drei Monate rotes Gold."	

Ägypten zur Pharaonenzeit

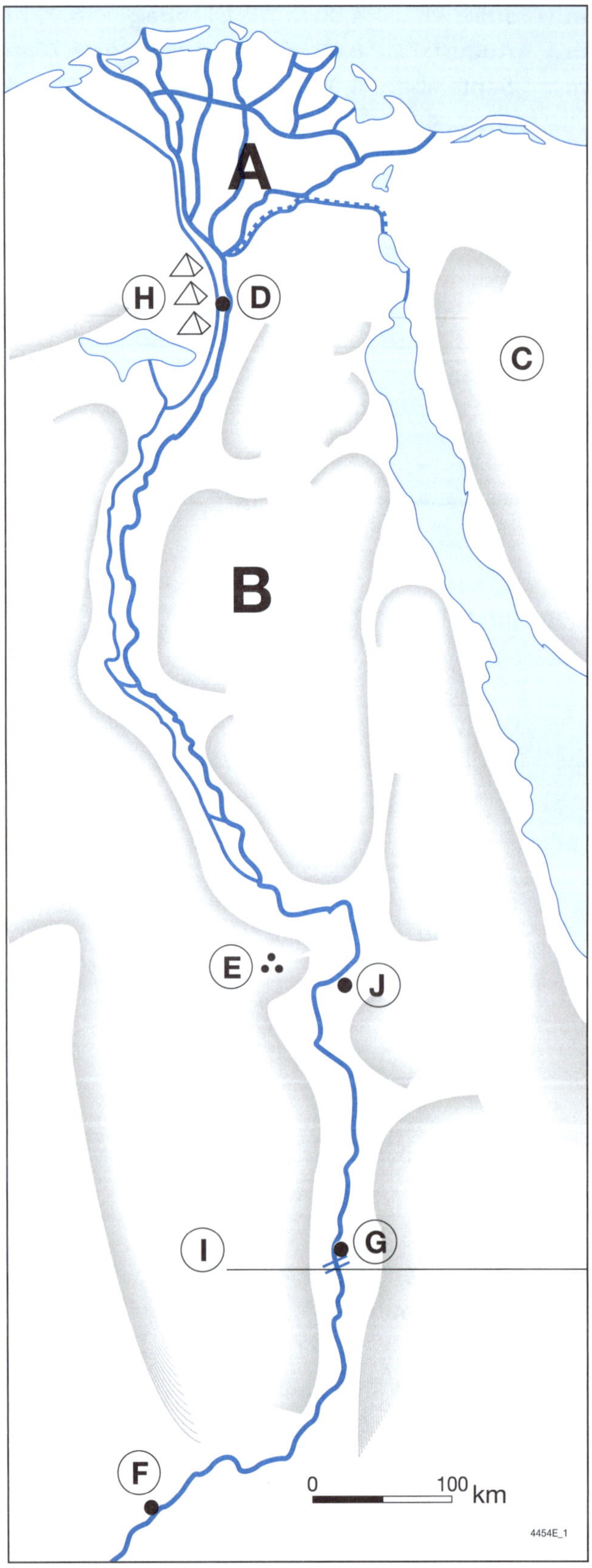

1 Zeichne mit farbigen Stiften in die Karte ein:
- den Lauf des Nil
- das Kulturland, in dem Ackerbau möglich war
- die Stellen, an denen die Bodenschätze und Handelsgüter wie Gold, Edelsteine, Kupfer, Elfenbein und Steine für den Tempelbau zu finden waren.

Nimm Seite 48 in deinem Buch zu Hilfe.

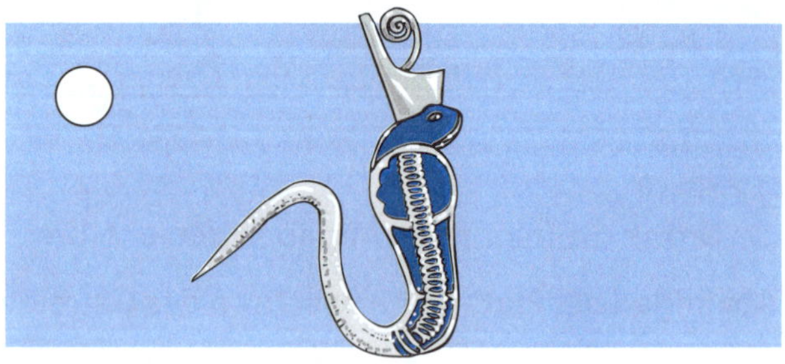

2 Ordne die Buchstaben in der Karte von Ägypten den Bildern oben und den folgenden Ortsbezeichnungen zu und trage sie in die Kreise ein. *Achtung:* Einige Buchstaben können mehrfach vergeben werden.

◯ Abu Simbel	◯ Giseh	◯ Oberägypten	◯ Theben	◯ Südgrenze des Alten Reiches
◯ Sinai	◯ Assuan	◯ Unterägypten	◯ Memphis	◯ Tal der Könige

Die ägyptische Gesellschaft

1 **Beschrifte die ägyptische Gesellschaftspyramide. Verwende dabei folgende Begriffe:**

Soldaten – Handwerker –

Pharao – Kaufleute –

Schreiber – Wesir –

Bauern – Beamte

2 **Fülle den Lückentext aus. Verwende dabei die Begriffe aus der Wortschlange:**

An der Spitze des alten Ägypten stand der König. Er hieß bei den Ägyptern __________ und wurde als __________ verehrt. Er herrschte unumschränkt über das und war Herr über Leben und Tod. Sein Stellvertreter war der __________. Der Pharao herrschte fernab vom Volk. Deshalb mussten seine __________ dafür sorgen, dass alle Befehle befolgt wurden. Für magere Jahre legten die Ägypter Vorräte an. Deshalb mussten die __________ einen Teil der Ernte in die königlichen Vorratskammern abliefern. Neben den Bauern gab es noch __________ und __________. Auch sie mussten den Befehlen des Pharaos Folge leisten. Ganz unfrei waren die __________, die hart für den Pharao arbeiten mussten.

Der Pharao

1 Füge die Herrschaftszeichen des Pharao in die Zeichnung ein.

2 Beschrifte die Zeichnung.

3 Male dein Pharaobild farbig aus. Verwende dabei die Farben Blau, Rot, Hellblau (für Türkis), Schwarz und Gelb (für Gold).

Der Schreiber in Ägypten

In Ägypten waren nur Beamte und Priester schriftkundig, deshalb waren sie sehr angesehen. Die Ausbildung zum Schreiber erfolgte in Tempelschulen oder im Hause von Schriftkundigen. Das Amt des Schreibers ging vom Vater auf den Sohn über.

Ein Schreiber schreibt an seinen Sohn:
Kaum hat ein Schriftkundiger angefangen heranzuwachsen – er ist noch ein Kind –, so wird man ihn grüßen und als Boten senden.
... Einen Bildhauer kann man nicht als Boten senden, noch einen Goldschmied ... Ich habe den Erzarbeiter bei seiner Arbeit beobachtet, an der Öffnung seines Schmelzofens. Seine Finger sind krokodilartig, er stinkt mehr als Fischlaich ... Der Steinmetz graviert mit dem Meißel in allerlei harten Steinen. Hat er die Arbeit beendet, so versagen ihm seine Arme und er ist müde. Wenn er sich abends niedersetzt, sind seine Knie und sein Rücken gebrochen ... Der Töpfer steckt in seinem Lehm, der beschmiert ihn mehr als ein Schwein ... Dem Schuster geht es sehr schlecht, er ist ewig unter seinen Gerbbottichen. Es geht ihm so gut, wie es einem unter Leichen geht ... Der Wäscher wäscht auf dem Uferdamm, sein Nachbar ist das Krokodil ... Siehe, es gibt keinen Beruf, in dem einem nicht befohlen wird, außer dem des Beamten; da ist er es, der befiehlt. Wenn du schreiben kannst, wird dir das mehr Nutzen bringen als alle die Berufe, die ich dir dargelegt habe.

1 Unterstreiche im Text die aufgezählten Berufe und trage sie unten in der Tabelle unter A ein.

2 Trage in der Tabelle unter B zum jeweiligen Beruf ein, welche Tätigkeiten im Brief beschrieben werden.

A Beruf	B Beschreibung des Berufes

3 Nenne die Vorteile, die ein Schreiber in Ägypten beruflich und privat hatte.

Berufliche Vorteile	Private Vorteile

Der Herstellung von Papyrusblättern

Die Ägypter schrieben auf Papyrusblättern.
Wie sie aus der Pflanze eine Art Papier machten, erfährst du im Text und in den Zeichnungen.

1 Übersetze mithilfe der Tabelle im Buch auf der Seite 57 die Hieroglyphen.

2 Suche die passenden Bilder zu den Beschreibungen. Trage die Buchstaben in die Kästchen ein.

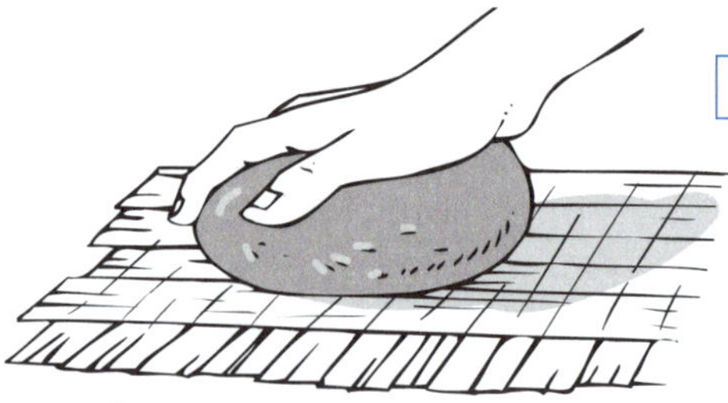

☐

☐

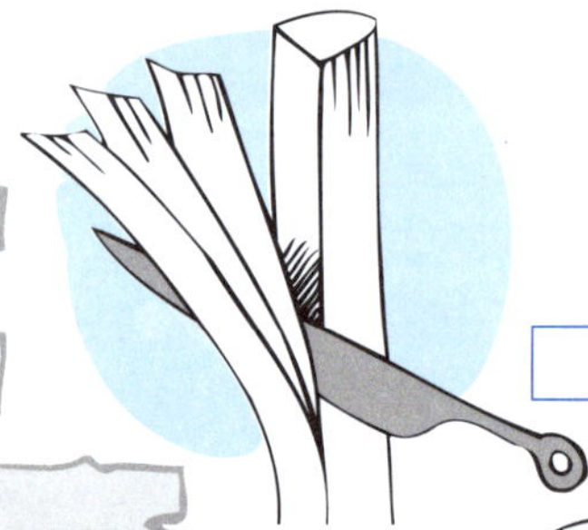

☐

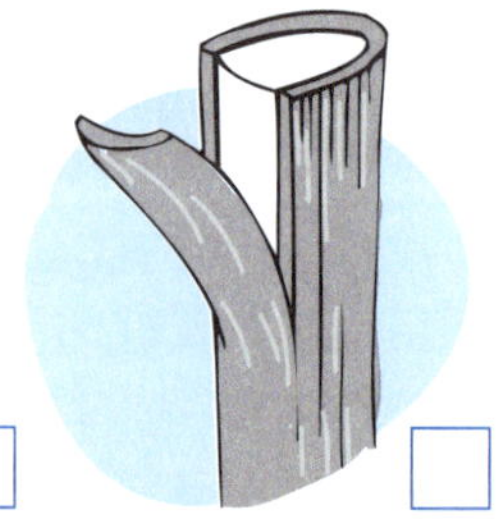

☐

☐

☐

A Die Papyruspflanze wuchs an den Ufern des ______________.

B Zunächst wurde die ______________ des Stängels entfernt.

C Das ______________ des Stängels wurde der Länge nach in dünne Streifen geschnitten.

D Die Streifen legte man dann in ______________ Schichten kreuzweise übereinander.

E Auf einem Steinblock klopfte man die Streifen durch ein schützendes ______________ hindurch und presste sie längere Zeit. Klebrige Flüssigkeit trat dabei aus und verband die Streifen zu einem Blatt.

F Nach dem Trocknen wurde das Blatt mit einem glatten ______________ poliert.

Die Schrift – Grundlage des Wissens

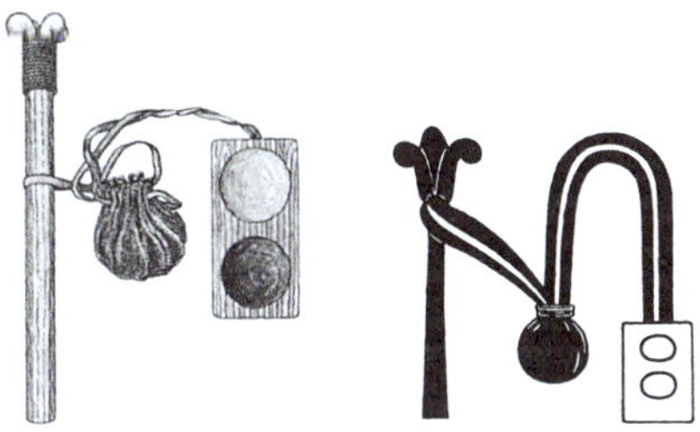

Schreibgerät, bestehend aus einem Holzbrett mit Vertiefungen für Farben, Wasserbeutel und Pinselfutteral.
Daraus entwickelte sich die Hieroglyphe für die Wortbedeutung „schreiben, malen, Schreiber“.
Vereinfacht schreibt man .

1 **In der Abbildung links siehst du die Hieroglyphe für das Wort „schreiben, malen, Schreiber“.**
Ermittle, wie oft in der Abbildung unten (Schreibbüro) die ägyptische Bezeichnung für „schreiben“ auftaucht?

____

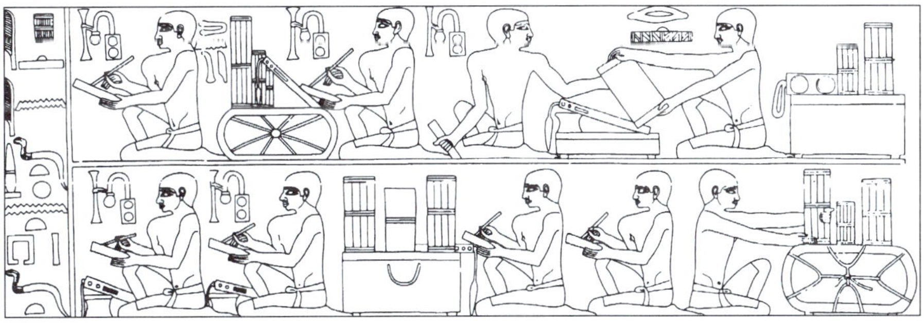

Ägyptisches Schreibbüro (um 2450 v. Chr.)

2 **Löse das Rätsel.**
Tipp: Das Hieroglyphenalphabet im Buch auf Seite 57 hilft dir dabei.
Welcher Buchstabe verbirgt sich hinter dem Fragezeichen?

____

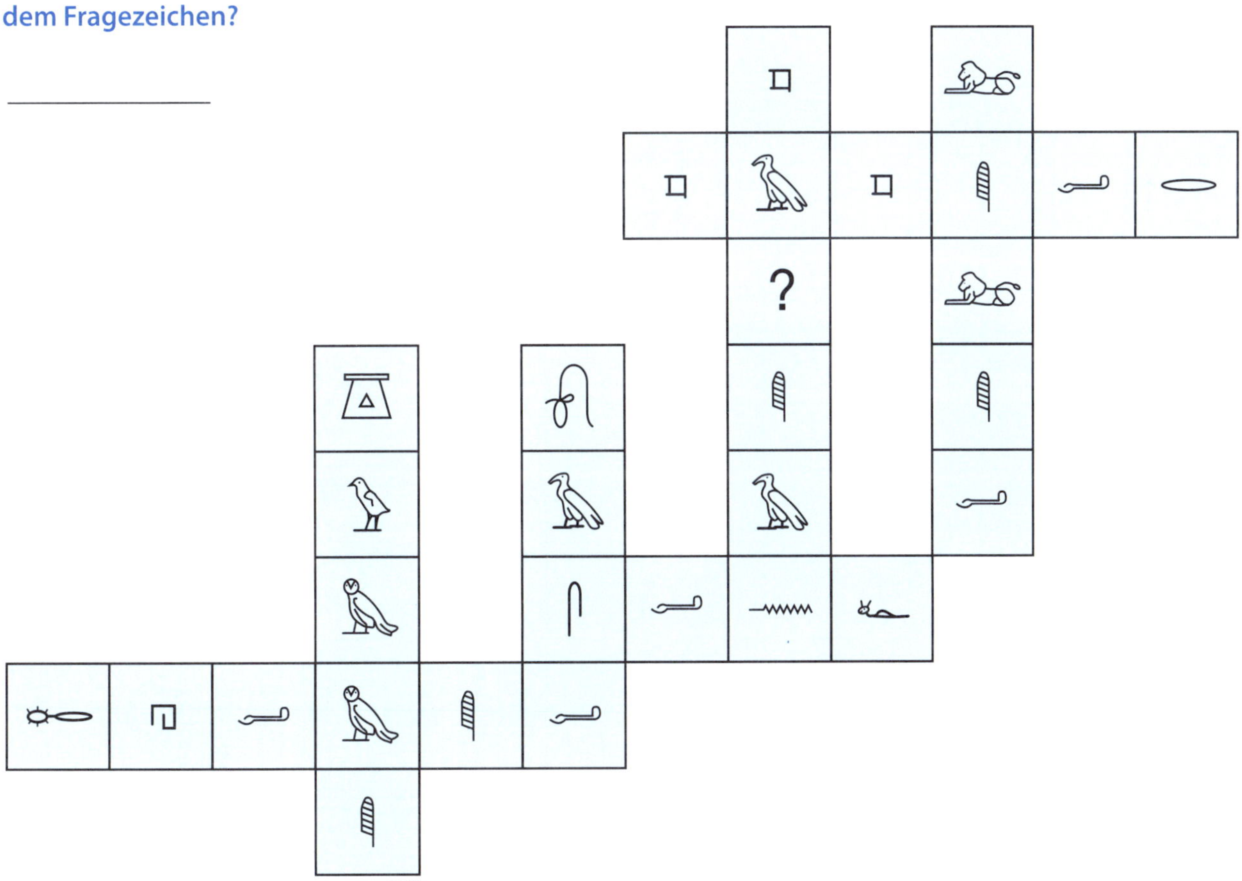

8074E

3 **Entwerfe mithilfe der Seite 57 selbst ein Kreuzworträtsel in Hieroglyphen.**
Tausche dein Rätsel mit deinem Tischnachbarn aus und löse dessen Rätsel.

Das Totengericht

Das Totenbuch des Schreibers Hunefer

1 2 3 4 5 6 7 8

1 Die Erzählung vom Totengericht. Beschreibe den Ablauf mithilfe der fortlaufenden Ziffern und nenne die Götter. Male das Bild aus.

2 Erläutere die Bedeutung des Totengerichts für die Menschen und den Pharao.

Der Bau einer Pyramide

1 Beschreibe, wie die Ägypter versucht haben, die Grabkammer des Pharao zu schützen.

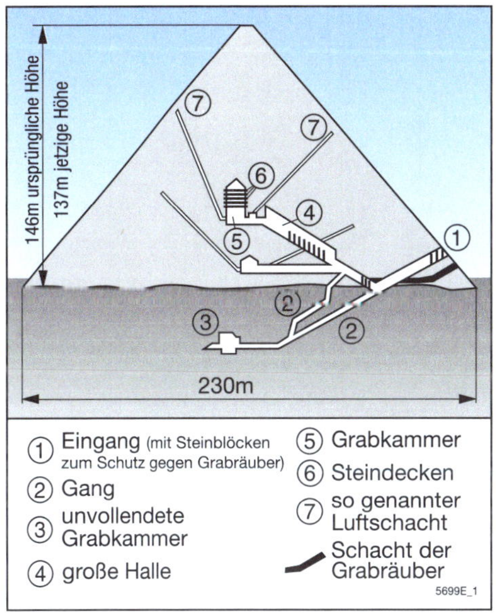

Die Cheops-pyramide im Querschnitt

2 Beschrifte die Personen und Gegenstände im Bild mithilfe der folgenden Wörter:

Pyramide – Schreiber – Palmen – Steinblock – Holzschlitten – Arbeiter – Hütten – Rampe

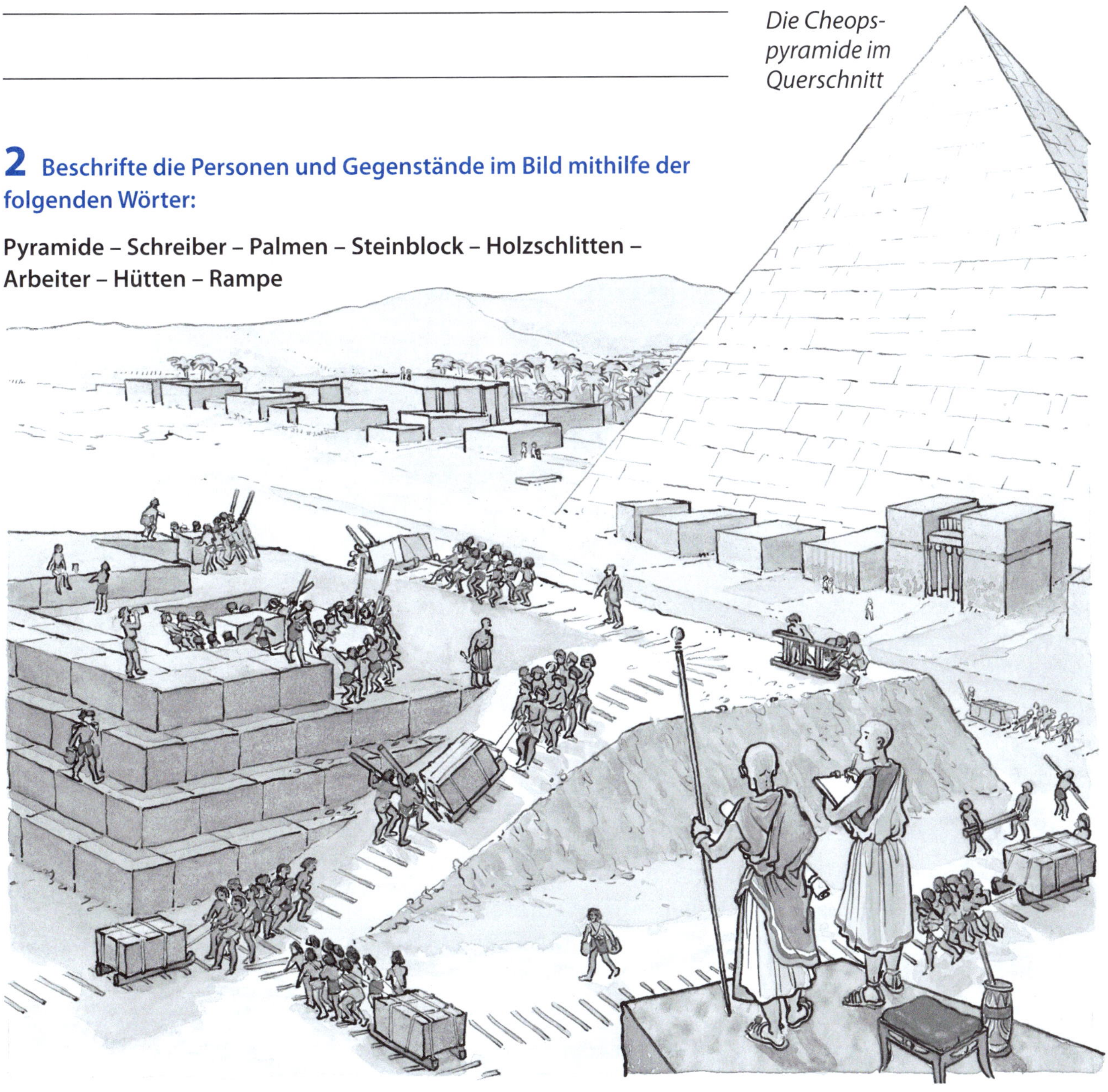

Hättest du es gewusst?

1 Die blau markierten Kästchen ergeben von oben nach unten gelesen den Namen einer Frau auf dem Pharaonenthron. Sie war die einzige Pharaonin, die jemals in Ägypten herrschte.

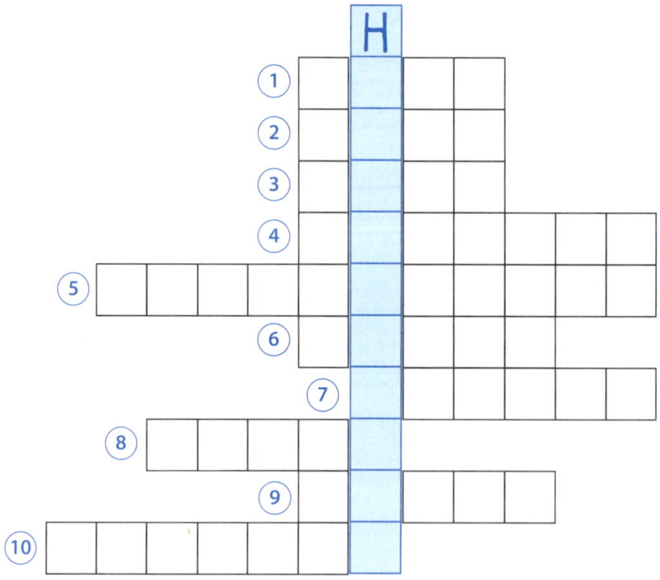

(1) Wasserstelle in der Wüste
(2) Schutzgott der Handwerker
(3) Schwester und Frau des Osiris
(4) Tiergestalt des Totenwächters Anubis
(5) Bezeichnung für die jährliche Nilflut
(6) Form der Nilmündung
(7) Titel des ägyptischen Königs
(8) Sohn des Osiris
(9) einbalsamierte Leiche
(10) griechischer Schriftsteller

Die gesuchte Person trägt ein nur Männern vorbehaltenes Herrschaftssymbol: ______________________

2 Erläutere, warum die Ägypter die Pyramiden erbauten.

____

____

____

3 Ergänze die Lücken im folgenden Text.

Wie die Ägypter ihre Pyramiden bauten, ist bis heute ______________ geklärt. Die Steinblöcke mussten von den ______________ bis zur Baustelle transportiert werden. Um die Steine zu schleppen wurden Ochsen eingesetzt, aber auch ______________. Wissenschaftler vermuten, dass für den unteren Teil einer Pyramide die Steine über eine ______________ nach oben transportiert wurden. Für den oberen Teile gab es vermutlich ebenfalls ______________, die möglicherweise sogar ______________ der Pyramide angelegt waren. Die Arbeit an einer Pyramide war für die Ägypter eine Form von ______________.

Mumifizierung im alten Ägypten

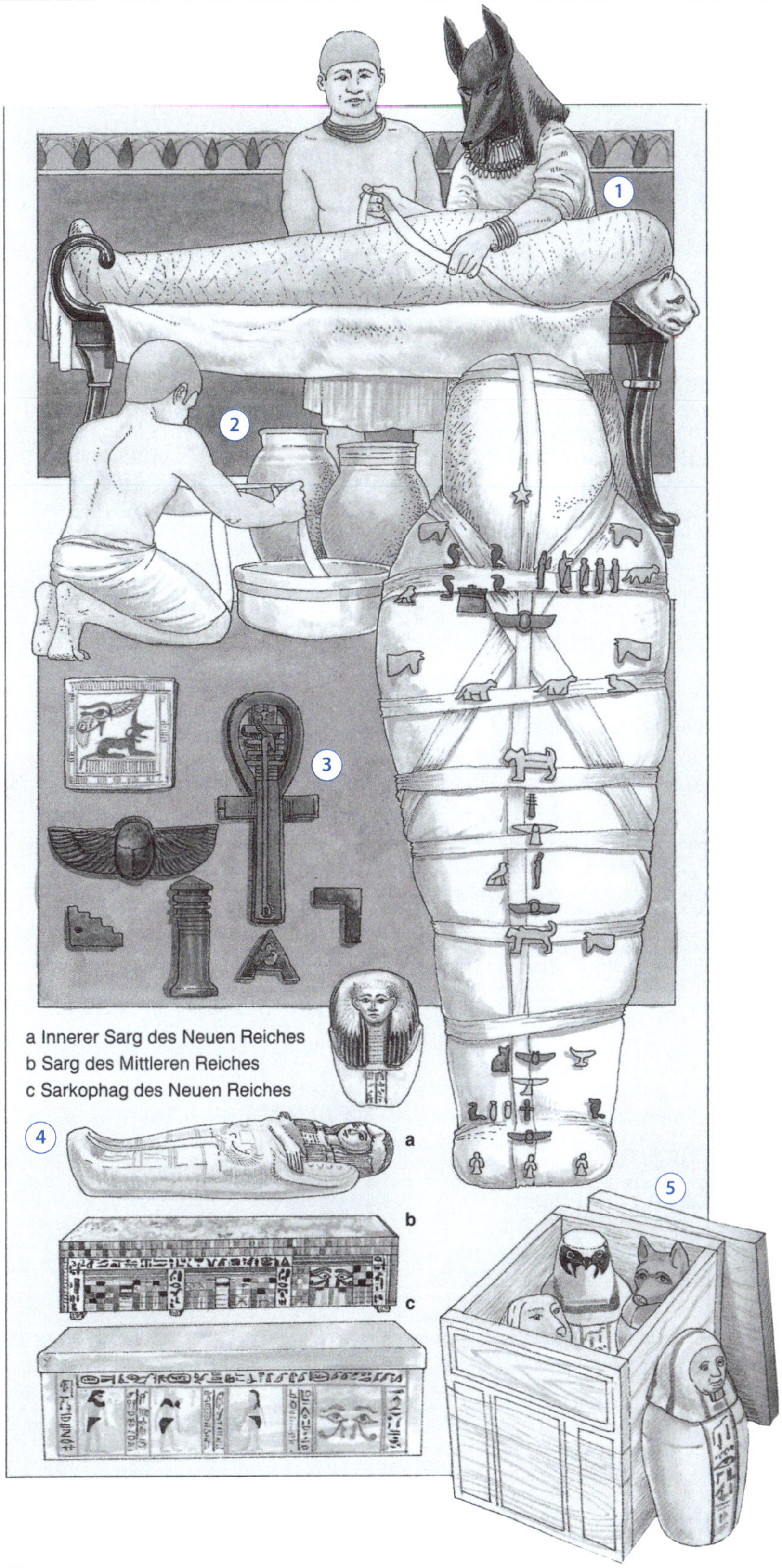

1 Links siehst du, wie die Ägypter einen Leichnam mumifizieren. Fülle die Lücken im folgenden Text mithilfe des Buches aus.

Als erstes entfernten die Ägypter die inneren ________________. Danach __________________________ sie den Leichnam aus und behandelten ihn mit __________________________ – __________________________.

Dann wurde der Körper mit ______________________ umwickelt (Nr. 1 und 2). Diese sollte den Leib vor Verwesung schützen.

Die im Bild dargestellten Amulette (Nr. 3) wurden angeheftet und sollten jeden Körperteil nochmals schützen.

Die ________________________ wurde anschließend in einen Innensarg gelegt, der wiederum in einen Steinsarkophag (Nr. 4).

Die ________________________ wie Leber, Lunge oder Magen stellte man in Tonkrüge neben den Sarg (Nr. 5).

2 Begründe, warum die Ägypter ihre Toten derart fürsorglich behandelten.

____

____

____

Griechen gründen Kolonien

(A)

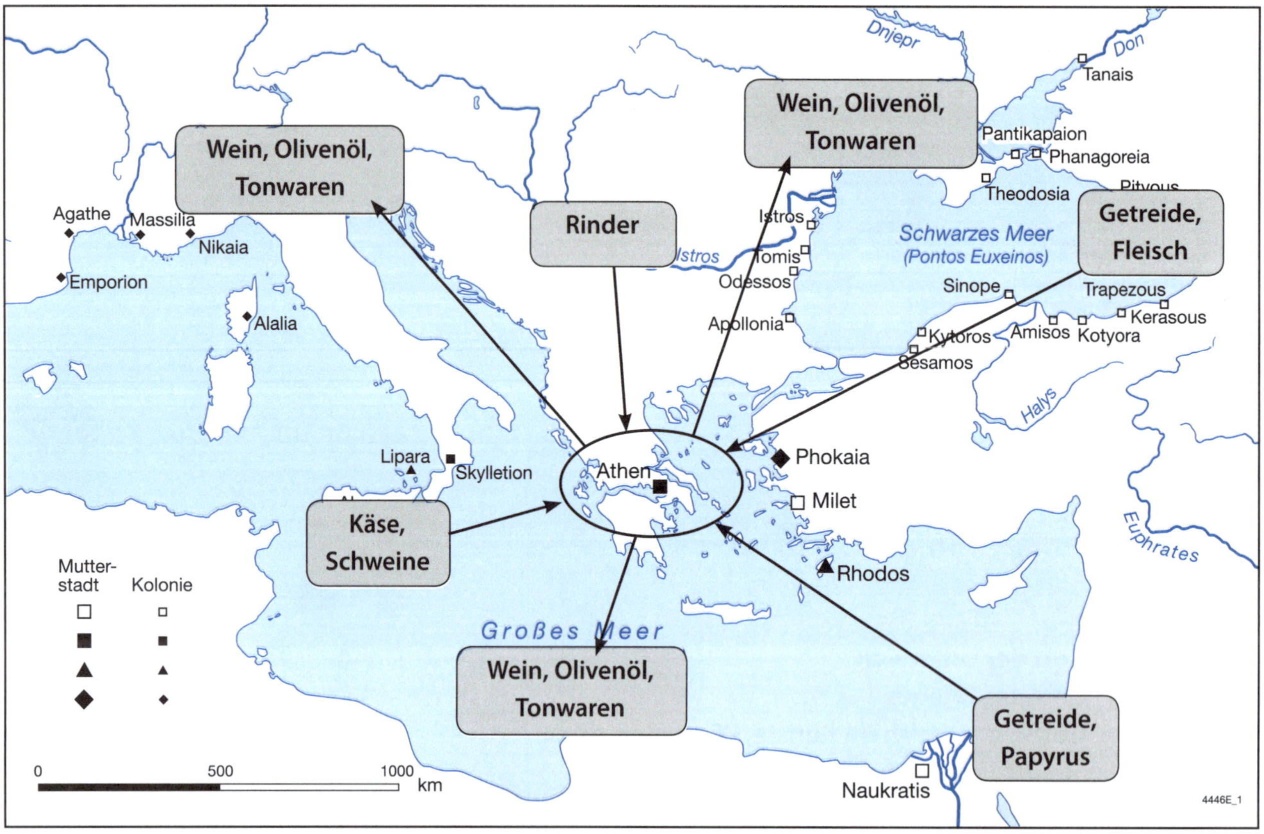

(B)

Es fehlten Nahrungsmittel, weil es zu wenig Ackerland gab.	**In den vielen Buchten Griechenlands konnten natürliche Häfen angelegt werden.**	**Holz aus den ausgedehnten Bergwäldern lieferte das Material für die Schiffe.**	**An den Küsten um das Mittelmeer und das Schwarze Meer gründeten die Griechen Kolonien.**

1 **Mit den Informationen aus den Kästen A und B kannst du folgende Angaben machen.**

1. Regionen, wo die Griechen vor 2500 Jahren Kolonien gegründet haben: ______________________

____

2. Gründe, warum die Griechen Kolonien gegründet haben: ______________________

____

3. Voraussetzungen für die Gründung von Kolonien: ______________________

____

____

4. Waren, die die Griechen einführten: ______________________

____

5. Waren, die die Griechen ausführten: ______________________

Die griechischen Götter

1 Trage auf den Tischkärtchen die richtigen Namen der Göttinnen und Götter ein.

Hades – Gott der Unterwelt
Ares – Gott des Krieges
Athene – Göttin der Weisheit, Künste, Wissenschaften; Schutzgöttin Athens
Hephaistos – Gott des Feuers
Poseidon – Gott des Meeres
Zeus – Göttervater
Hera – Göttin der Ehe
Aphrodite – Göttin der Schönheit
Apollon – Gott der Künste und Musik
Hermes – Götterbote
Dionysos – Gott des Weines
Artemis – Göttin der Jagd

2 Beschreibe charakteristische Gegenstände, Kleidungsstücke oder andere Äußerlichkeiten, an denen man die Götter und Göttinnen erkennt.

Olympische Spiele

1 Benenne die abgebildeten antiken Sportarten.
Kreuze an, welche Sportarten noch heute olympisch sind.

Ziffer	Sportart	Olympische Sportart heute
①		
②		
③		
④		
⑤		
⑥		
⑦		

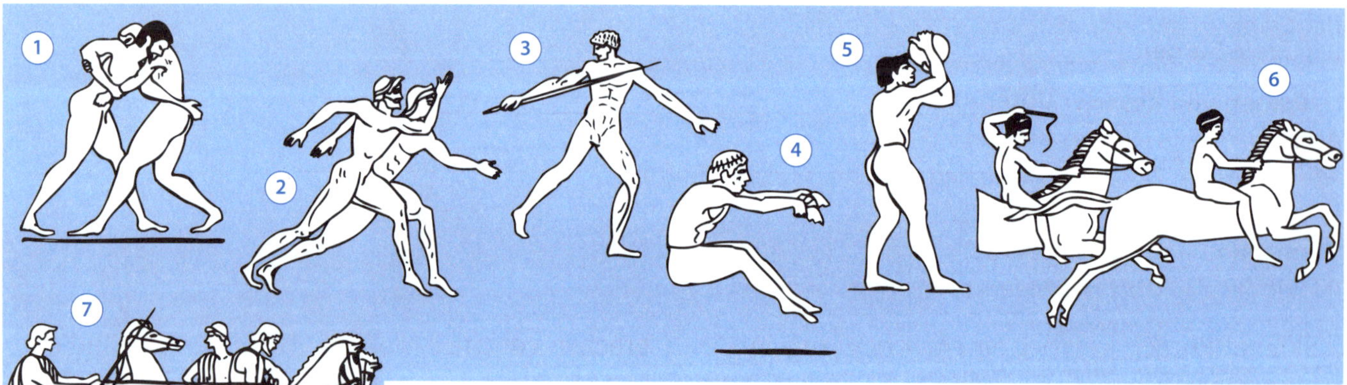

2 Ergänze den Lückentext mit den folgenden Begriffen:

Berufssportler – Standbild – Eid – Frauen – Zeus – Sieger – Steuern – Ölbaumzweigen – nackt – Festessen – Olympia – vier – Wagenrennen

Die Wettkämpfe zu Ehren der Götter fanden seit 776 v. Chr. alle ______________ Jahre in der griechischen Stadt ______________ statt. Jeder Sportler musste zu Beginn der Wettkämpfe vor der Zeusstatue einen ______________ leisten, dass er ehrlich kämpfen werde. Die ________ waren ausgeschlossen. Außer beim ______________ waren alle Wettkämpfer ____________. Nach allen Wettkämpfen erhielt jeder ______________ vor dem Standbild des ____________ einen Kranz aus ______________________. Die Olympischen Spiele endeten mit einem ____________. Von den Siegern wurde ein ______________ aufgestellt. Da jede Heimatstadt stolz war auf ihre Sieger, musste die oftmals keine ______________ mehr zu bezahlen. Deshalb trainierten viele Wettkämpfer viel und wurden __________________________.

Anfänge der Demokratie

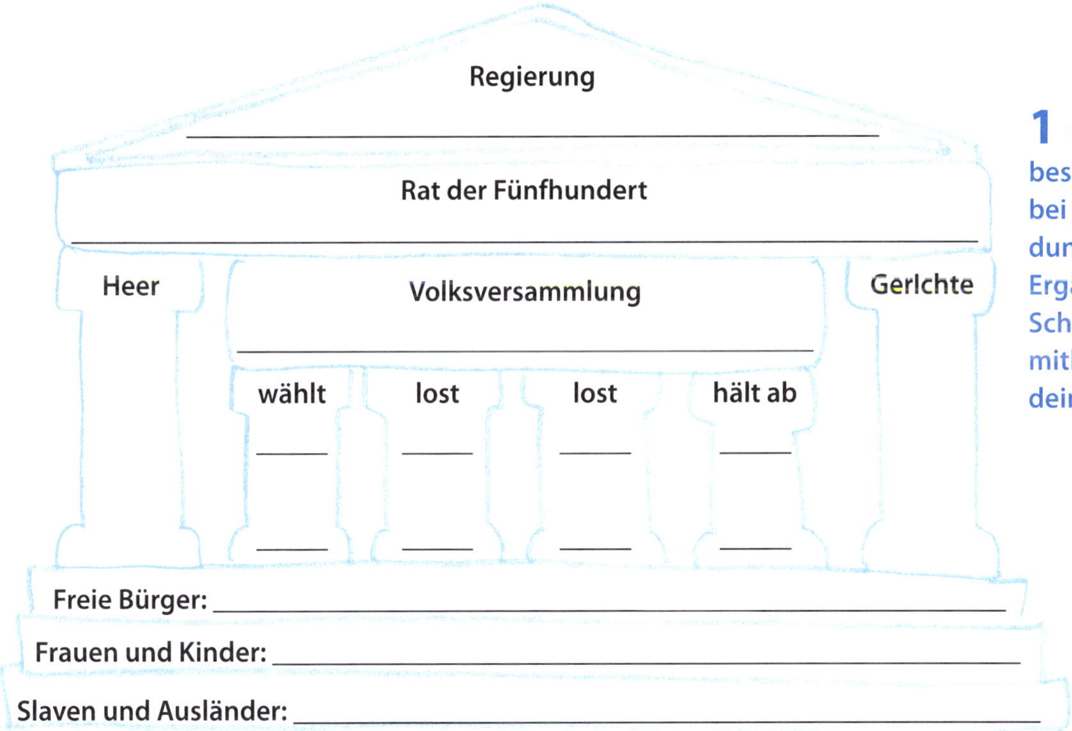

1 In Athen bestimmten die Bürger bei politischen Entscheidungen mit. Ergänze folgendes Schaubild auf den Linien mithilfe der Seite 78 in deinem Buch.

2 a) Wie man Sklave werden konnte:

Sklave wurde, wer bei einem Kriegszug in Gefangenschaft geriet. In eroberten Ländern wurden die Einheimischen als Sklaven verschleppt. Zum Sklaven konnte man als Strafe für ein Verbrechen verurteilt werden. Auch wer als Kind einer Sklavin geboren wurde, galt als Sklave. Für die Griechen waren Sklaven Sachen. Man konnte sie auf dem Markt kaufen und verkaufen.

b) Sklave konnte man werden durch

a) ____________________

b) ____________________

c) ____________________

d) ____________________

c) Kreuze die richtigen Aussagen an: Welche Aussagen treffen auf Sklaven zu?

- ☐ Sklaven waren immer Männer.
- ☐ Sklaven waren das Eigentum anderer Menschen.
- ☐ Sklaven konnten frei gelassen werden.
- ☐ Sklaven waren rechtlos.
- ☐ Sklaven hatten politische Rechte.
- ☐ Sklaven waren unfrei.

3 Kreuze die richtige(n) Antwort(en) jeweils an.

Das Scherbengericht sollte verhindern,
- ☐ dass strebsame Leute in Athen vorankamen.
- ☐ dass die Regierung zu stark wurde.
- ☐ dass einer allein alle Macht an sich riss.
- ☐ dass eine politische Gruppe allein die Polis beherrschte.

Das Volk hat die alleinige Macht in einer
- ☐ Monarchie
- ☐ Aristokratie
- ☐ Anarchie
- ☐ Demokratie

Römische Legionäre

Der Legionär Claudius könnte einer germanischen Bauerntochter zum Beispiel auf der Marktstraße vor seinem Kastell von seinen Aufgaben als Legionär in der römischen Armee berichten: „Tja, leicht ist das Soldatenleben nicht. Wenn wir auf einen Feldzug gehen, müssen wir unterwegs stets neue Lager aufbauen. Die Erdarbeiten sind dabei harte Knochenarbeit. Wenn wir gegen einen Gegner ins Feld ziehen, dann wird der Kriegsdienst gefährlich. Es ist unsere hauptsächliche Aufgabe, die Reichsgrenzen zu sichern.

Der Sold, unser Lohn, ist schnell aufgebraucht, denn wir müssen die schmucke Uniform selbst bezahlen. Und von meinem Sold muss ich ja auch meine Familie ernähren. Da bleibt nicht viel übrig.

Aber auch das Lagerleben im Kastell ist selten ruhig. Manchmal werden wir in Friedenszeiten zum Straßenbau abkommandiert. Stets müssen wir gehorchen, Diskussionen gibt es nicht. Interessant ist es, fremde Länder zu sehen, und wenn wir genügend lange gedient haben, bekommen wir eine Bauernstelle."

Der Legionär Claudius erklärt der germanischen Bauerntochter Griseldis seine Aufgaben

1 **Unterstreiche im Text die Aufgaben des Legionärs und notiere sie hier.**

____

____

____

____

2 **Benenne mithilfe von Seite 88 in deinem Buch das Marschgepäck des Legionärs. Trage die richtigen Bezeichnungen ein.**

Die Ausrüstung und das Marschgepäck des Legionärs:

(1) ______________________________

(2) ______________________________

(3) ______________________________

(4) ______________________________

(5) ______________________________

(6) ______________________________

(7) ______________________________

(8) ______________________________

Vom Bauerndorf zur Weltherrschaft

1 Ordne die Kärtchen mit den Zeitangaben in der richtigen zeitlichen Reihenfolge den vier Karten zu und ergänze dann die Begriffe.

2 Male in den vier Karten die jeweilige Ausdehnung aus.

300 v. Chr.

Seemacht

Landmacht

Weltreich

753 v. Chr.

150 v. Chr.

um 117 n. Chr.

Stadtstaat

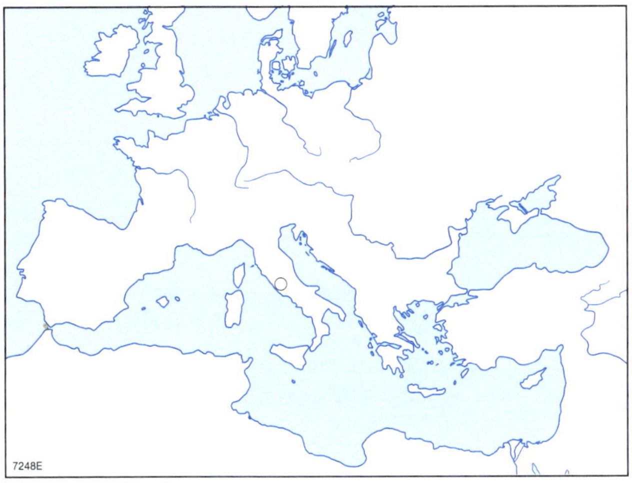

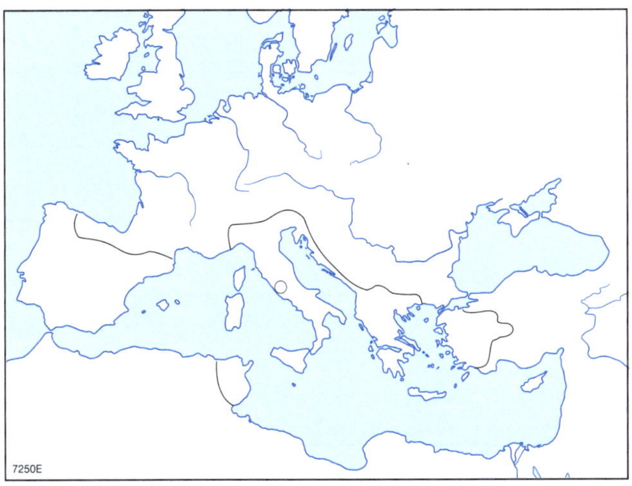

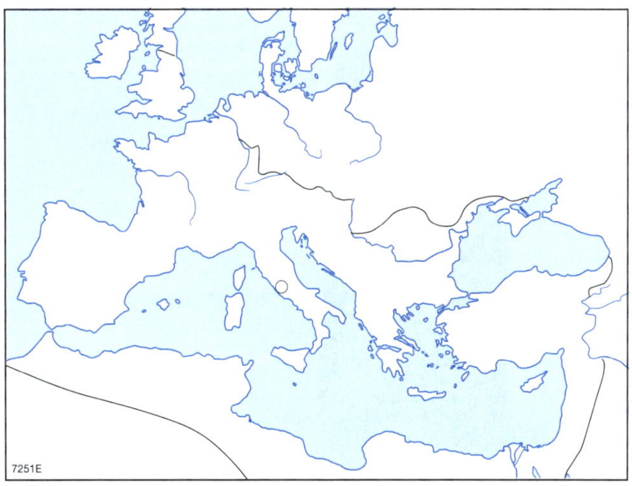

Kaiser Augustus

Nach der Ermordung Caesars brach der Bürgerkrieg erneut aus. Octavian, der Neffe Caesars ging aus diesem Kampf um die Macht im Römischen Reich als Sieger hervor. Er war in weiten Kreisen der Bevölkerung sehr beliebt. Vor der Volksversammlung erklärte Octavian, dass er die Macht wieder an die Bürger zurückgeben wolle. Die Volksversammlung aber bat ihn, die Macht weiter zu behalten und das Reich zu regieren. Sie übertrug ihm wichtige Befugnisse und alle führenden Ämter in der Regierung und gab ihm den Ehrentitel Augustus (= lat. Mehrer des Reiches)

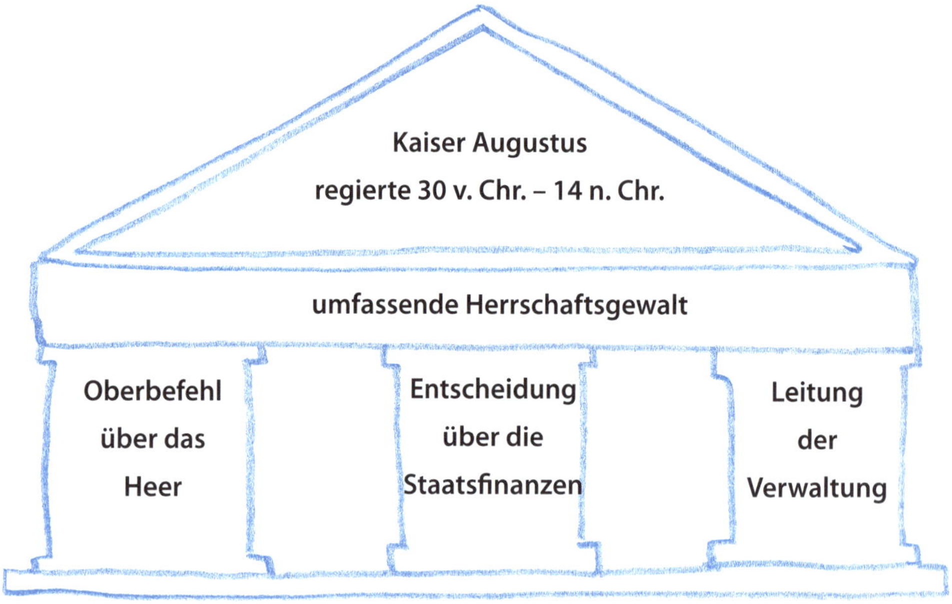

1 **Ergänze den Lückentext. Verwende dazu die Informationen aus dem Text und dem Schaubild.**

Caesars Neffe hieß ____________________. Aus dem Bürgerkrieg ging er ____________________ hervor.

Die Volksversammlung übertrug ihm ____ und

____. Er erhielt den Ehrentitel ________________________________

und regierte als Kaiser von __________________ bis __________________.

Seine uneingeschränkte Herrschaft ruhte auf drei Säulen: ____________________________________,

____ und ____.

Mit diesen Machtbefugnissen war er der mächtigste Mann im Römischen Reich.

Alltag in Rom – wahr oder gelogen?

Cornelia kam nie pünktlich zu einer Verabredung. Stets brauchte sie viel Zeit für ihr Aussehen. Auch heute hatte sie lange in den Spiegel geschaut, während ihre Haussklavin ihr Haar kämmte. Sie hatte den Sitz des künstlichen Zahnes überprüft, den ihr der Zahnarzt vor einem Monat eingesetzt hatte. Er war kaum von den echten Zähnen zu unterscheiden. Dann musste auch noch eine kleine Massage sein. Erst dann ging sie aus dem Haus.
Ihr Freund Gaius wartete schon. Und wie immer hatte sie einen Sack Ausreden bereit. „Entschuldige! Ich bin in einen Verkehrsunfall geraten. Ein Reiter ist in eine Sänfte hineingeritten. Und beide stürzten gerade auf den Zebrastreifen.“, sagte sie. Gaius war nicht böse. Er meinte: „Lass nur, ich habe hier gestanden und die Zeitung gelesen. Sie hängt erst seit kurzem mit den neuesten Nachrichten an der Tafel.“
Gaius ging mit Cornelia zum Caesarforum. „Was wollen wir unternehmen?“, wollte sie wissen. „Es gibt am Nachmittag Gladiatorenspiele im Kolosseum“, antwortete Gaius. Cornelia schlug vor, vorher noch ein wenig zu bummeln und eine Kleinigkeit zu essen. Aus einem Automatenbuffet holten sie sich mit Fleisch gefüllte Datteln. Als Beilage erstanden sie in einer Garküche knackig geröstete Kartoffelstäbchen. Nach dem Essen schob Gaius sich einen Kaugummi in den Mund. Er wollte damit seine Zähne reinigen. So verging die Zeit.
Im Kolosseum war ein großes Gedränge. Sie benutzten einen der 12 Aufzüge und fuhren zu den oberen Rängen. Die Spiele waren spannend. Es gab nicht nur Gladiatorenkämpfe, auch Artisten traten auf. Diese gefielen Cornelia besonders.
Abends fuhren sie nach Hause. Gerade wurde die Straßenbeleuchtung angezündet. Cornelia verabschiedete sich fröhlich von Gaius.
Nach dem langen Ausflug hatte sie großen Hunger und so ließ sie sich einen gebratenen Fisch bringen. Sie zerlegte den Fisch mit Messer und Gabel und schob einen großen Bissen in den Mund.

1 Lies die Geschichte auf dieser Seite durch. Darin kommen Dinge vor, die es im antiken Rom noch nicht gab. Schreibe diese Begriffe in dein Heft.

2 Dein Lehrer / deine Lehrerin hat die richtigen Lösungen für dich. Vergleiche mit deinen Ergebnissen. Unterstreiche dann im Text alle Dinge mit grüner Farbe, die den Römern schon bekannt waren; die Lügen unterstreichst du mit roter Farbe.

Die römische Götterwelt

Ich bin der Schutzgott der Kaufleute und Händler, doch komme ich auch „Langfingern" gelegentlich zu Hilfe. Gleichzeitig bin ich als listenreicher Götterbote zwischen Menschen und Göttern unterwegs.

______________________ ①

Mich verehren die Römer als Göttin der Liebe und Schönheit; bei den Griechen nennt man mich Aphrodite.

______________________ ②

Als Göttermutter genieße ich bei den Römern große Verehrung. Ich bin die Schutzgöttin der Frauen und helfe ihnen bei der Geburt. Zusammen mit meinem Mann Jupiter und der Göttin Minerva habe ich meinen Sitz auf dem Kapitol in Rom.

______________________ ③

Als Himmelsgott bin ich höchster Gott der Römer und oberster Schutzherr. Ich schleudere den Blitz auf die Erde, bestimme das Wetter und wache über Recht, Gesetz und Treue. Mein Wohnsitz ist der Haupttempel der Römer auf dem Kapitol.

______________________ ④

Ich bin die Göttin des Handwerks, der schönen Künste und der Weisheit, gleichzeitig auch Beschützerin der Dichter und Ärzte. Zusammen mit Jupiter und Juno wohne ich auf dem Kapitol und bin Stadtherrin von Rom.

______________________ ⑤

Als Gott des Krieges genieße ich bei den Römern große Verehrung, viel mehr, als mein Bruder Ares bei den Griechen. Der Monat März (Martius) ist übrigens nach mir benannt.

______________________ ⑥

1 Hier sind einige Götter und Göttinnen aus deinem Buch abgebildet. Um wen es sich dabei handelt, kannst du dem Begleittext entnehmen. Schreibe die Namen auf die Linien unter den Text.

2 Nenne weitere römische Göttinnen und Götter.

____

____

Das Römische Reich: Handel und Wirtschaft

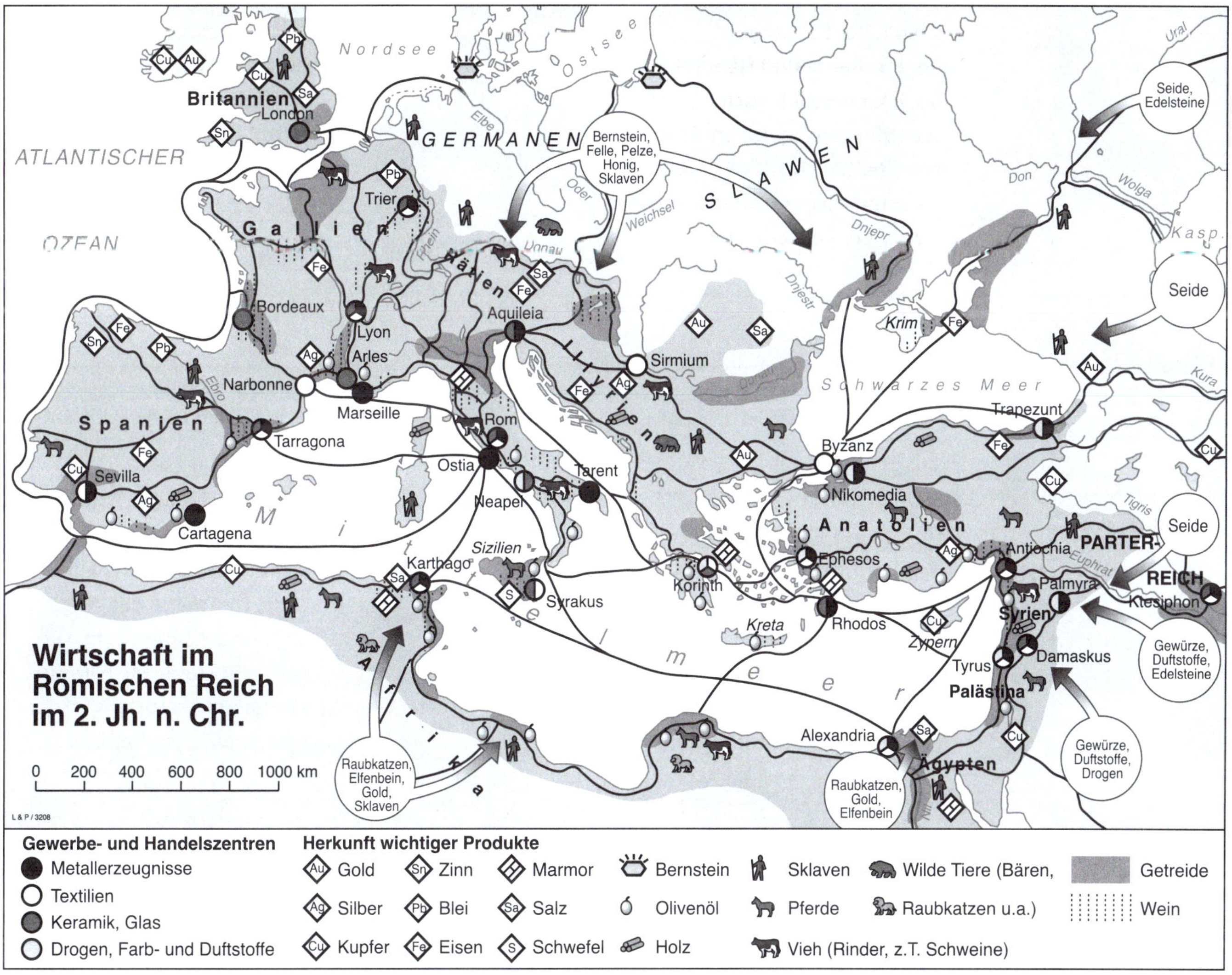

1 Hier ist die Karte aus deinem Buch noch einmal abgebildet. Male zunächst das Römische Reich aus.

2 Trage die Lage der Produktionsstätten, bzw. die Herkunft der Waren mithilfe eines Atlas ein, z. B.: **Salz: England, Rumänien**

Getreide: ______________________

Wein: ______________________

Olivenöl: ______________________

Holz: ______________________

Sklaven: ______________________

Pferde: ______________________

Vieh: ______________________

Wilde Tiere: ______________________

Seide: ______________________

Gewürze: ______________________

Drogen und Duftstoffe: ______________________

Bernstein: ______________________

Felle: ______________________

Pelze: ______________________

Unterwegs auf römischen Straßen

1 Ergänze den Lückentext mit folgenden Wörten:

Sklaven – Postreitern – Heerlager – Poststationen – Gasthäuser

Um die Städte und ____________________ miteinander zu verbinden, war das Römische Reich von einem gut ausgebauten Straßennetz durchzogen. Die meisten dieser Straßen sind von römischen Soldaten und ____________________ erbaut worden. Die Straßen wurden von römischen Soldaten, Händlern, ____________________ und gewöhnlichen Reisenden benutzt. Im Abstand von 15 Kilometern waren ____________________ eingerichtet, alle 45 Kilometer boten ____________ Unterkunft und Verpflegung. Reisende, die zu Fuß unterwegs waren, konnten bis zu 32 Kilometer am Tag zurücklegen. Kutschen bewältigten etwa eine Strecke von 50 Kilometern und Reiter brachten es sogar auf 80 Kilometer.

2 Beschreibe in deinem Heft genau die abgebildeten Tätigkeiten.

3 Male das Bild aus. Benutze dabei für die Kleidung der Menschen, die dieselbe Tätigkeit ausüben, jeweils eine Farbe.

Kreuzworträtsel zu Römern und Germanen

1 Löse das Kreuzworträtsel. Wenn du alle Antworten weißt, kennst du dich gut mit Römern und Germanen aus!

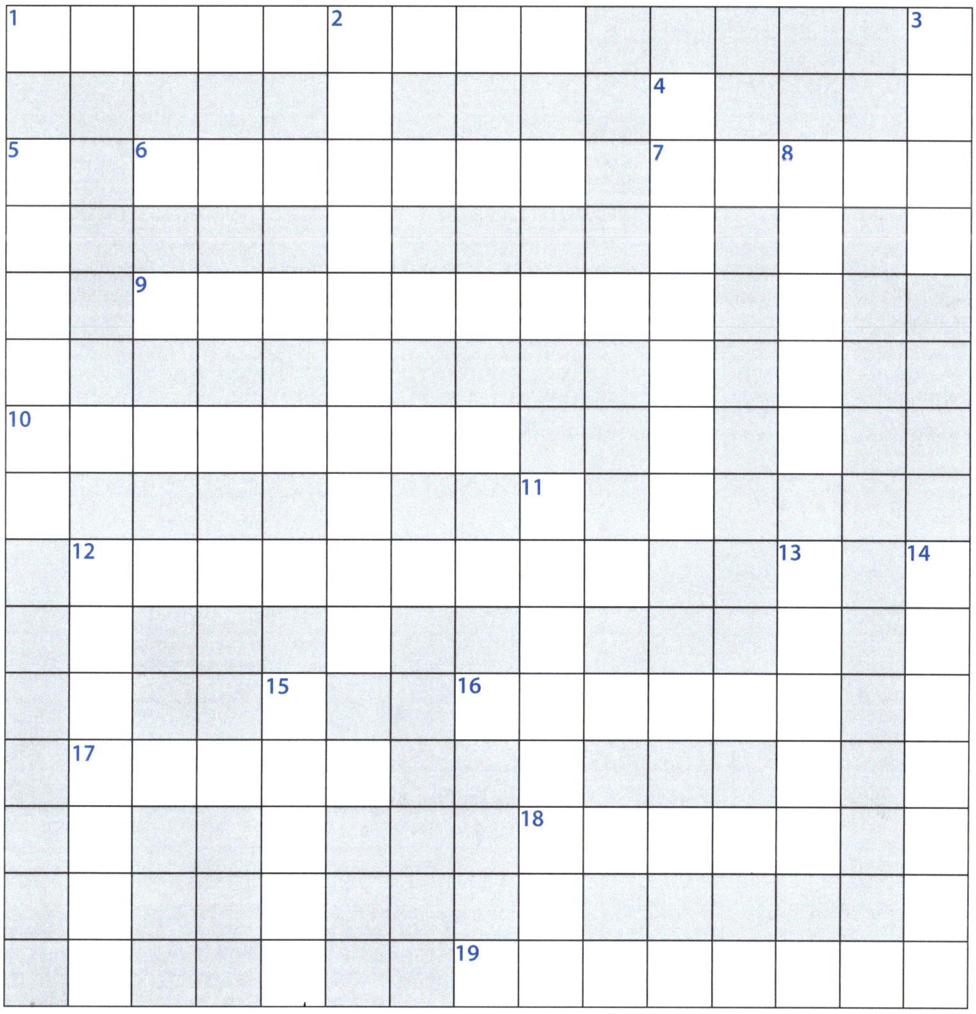

Waagerecht:

1 Größtes Amphitheater Roms
6 Menschen ohne Rechte
7 „Vogelkundiger" Priester
9 So bezeichnet man Rom zur Zeit seiner größten Ausdehnung
10 Erster römischer Kaiser
12 Land unserer Vorfahren
16 Teil der römischen Armee
17 Grenzwall
18 Fluss durch Rom
19 Volk der Völkerwanderungszeit, das bis nach Spanien und dann nach Nordafrika zog

Senkrecht:

2 Rom war zuerst ein …
3 Germanisches Blasinstrument
4 Befestigtes römisches Heerlager
5 Onkel des Augustus
8 Volk der Völkerwanderungszeit, ursprünglich aus dem Ostseeraum stammend
11 Lat. für „Fenster"
12 Name Frankreichs zur Römerzeit
13 Germ. Gott
14 Volk der Völkerwanderungszeit, ursprünglich am unteren und mittleren Rhein ansässig
15 Ratsversammlung der Patrizier

Die Völkerwanderung der Germanen

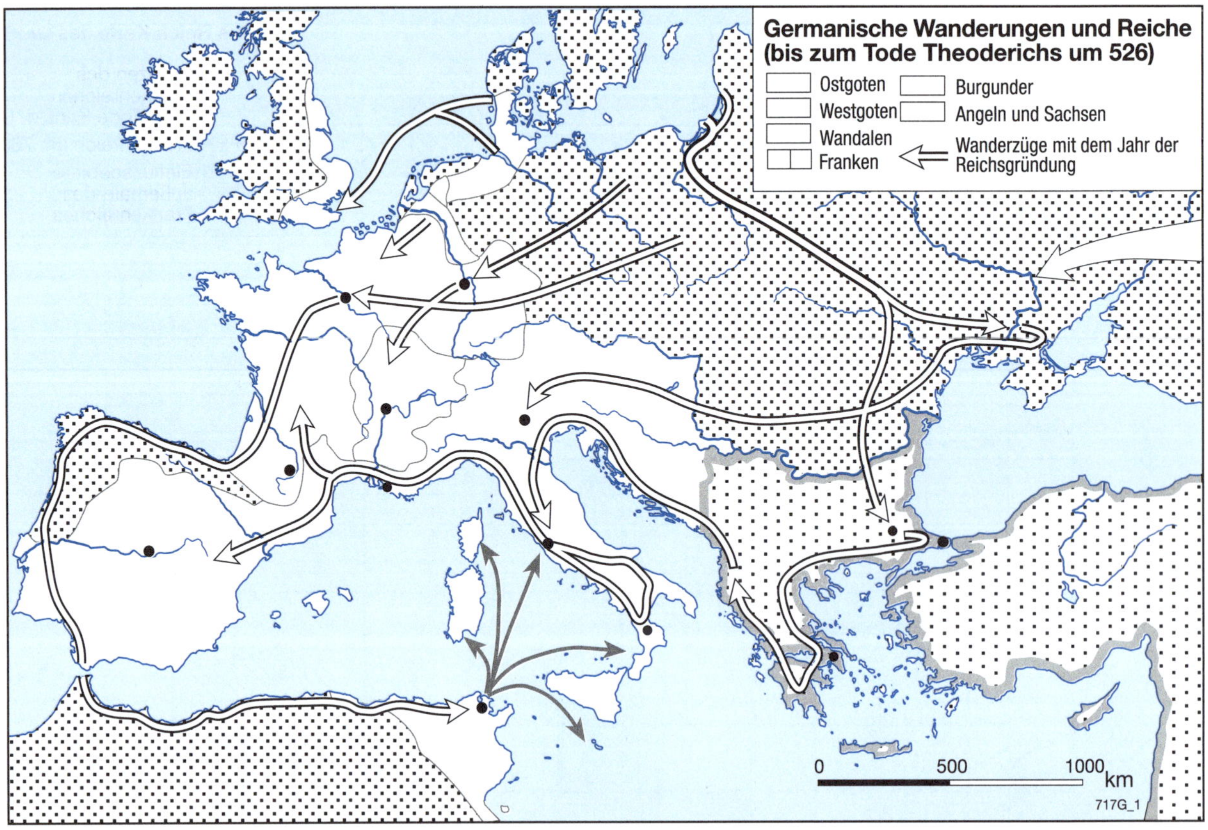

1 Male die Karte aus. Verwende unterschiedliche Farben für die einzelnen Völker und trage diese auch in die Legende ein.

2 Fülle mithilfe der Karte und Seite 113 in deinem Buch die Tabelle aus.

Völker	Herkunft	Wanderweg	neuer Siedlungsraum und Zeit der Staatsgründung
Westgoten			
Wandalen			
Burgunder			
Ostgoten			
Angeln/Sachsen			
Franken			

Die Ausbreitung des Frankenreichs

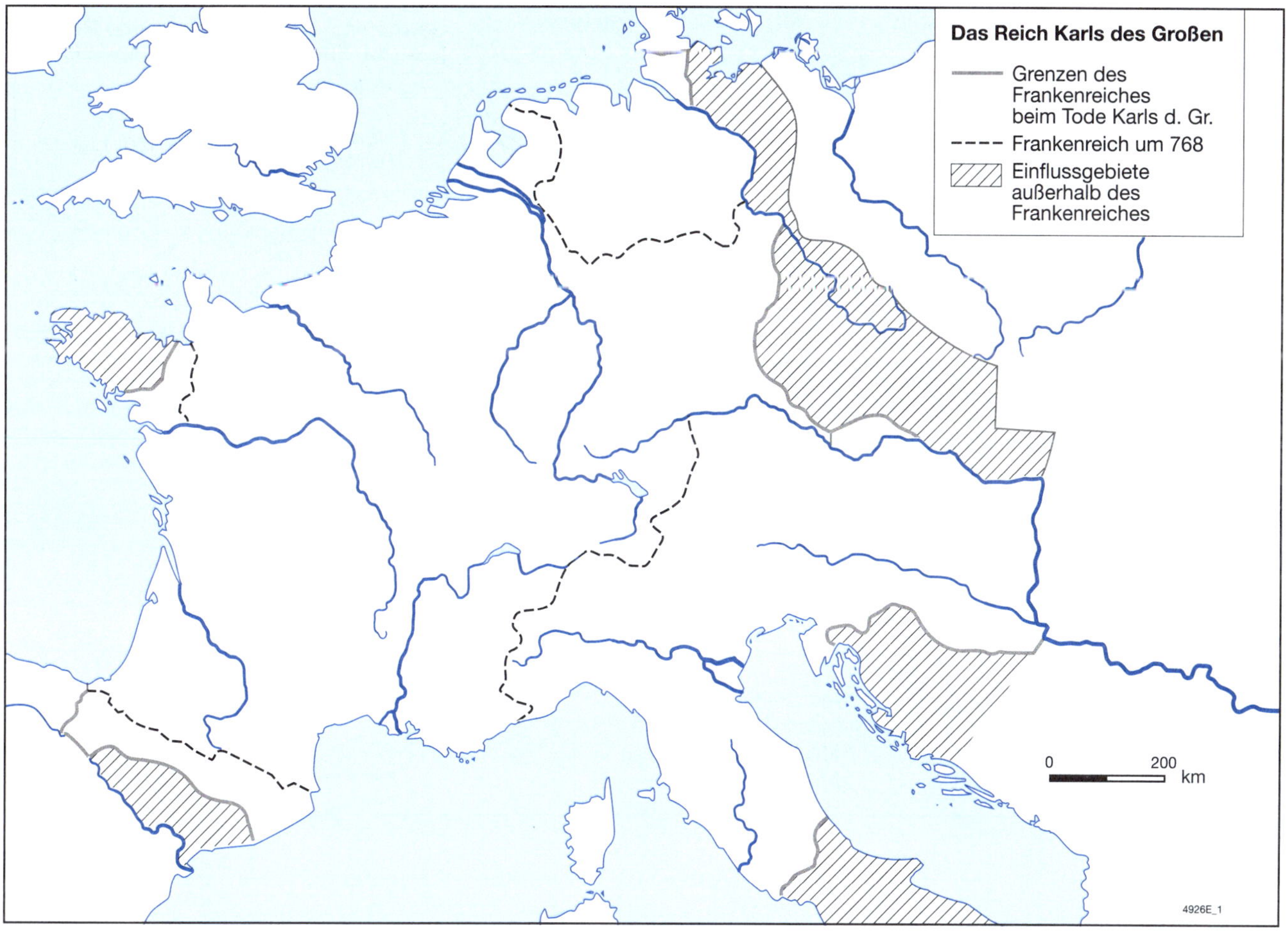

In deinem Buch hast du auf Seite 102 gelernt, wie man eine Geschichtskarte auswertet. Hier kannst du eine Geschichtskarte selbst herstellen, indem du die Karte kolorierst, also farbig gestaltest.
Gehe dabei wie in 1 beschrieben vor.

1 a) Wähle drei Farbstifte aus, z. B. einen Stift in hellem Rot, einen in Orange und einen in Gelb.
b) Male nun das Frankenreich, wie es um 768 war, hellrot an.
c) Die Gebiete zwischen der Grenze von 768 und der von 814 markiere orange.
d) Die Einflussgebiete außerhalb der Grenzen von 814 markiere gelb.
e) Beschrifte nun mithilfe von M 2 auf Seite 122 deine Geschichtskarte: Trage die Namen der Gebiete und Grenzmarken ein.
Zeichne wichtige Orte mit Pfalzen ein.

2 Stelle mithilfe des Atlas fest, welche heutigen Staaten einstmals zum Frankenreich Karls des Großen gehörten.

Eine Reise durch das Mittelalter

1 **Für dieses Spiel benötigst du einen Würfel, zwei Spielfiguren und einen Mitspieler oder eine Mitspielerin. Los geht's!**

Start

3 Du begleitest Karl den Großen auf dem Umritt durch sein Reich. Rücke **4** Felder vor!

8 Als Pfalzgraf hast du die Befehle des Königs befolgt. Rücke **6** Felder vor!

11 800: Die Kaiserkrönung Karls in Rom dauert länger. Setze einmal aus!

19 Die Sachsenkriege dauern zu lange. Warte, bis alle Mitspieler an dir vorbeigezogen sind.

25 Der Sachsenherzog Heinrich wird erster Deutscher König. Rücke **3** Felder vor!

29 Du musst den Bau einer Wehrburg beaufsichtigen. Setze einmal aus!

80 Als Bote Friedrichs I. sollst du Heinrich dem Löwen einen Hilferuf des Königs schicken. Rücke **4** Felder vor!

87 Du bist dabei, als Friedrich in Chiavenna Heinrich auf den Knien um Hilfe anfleht. Rücke **3** Felder vor!

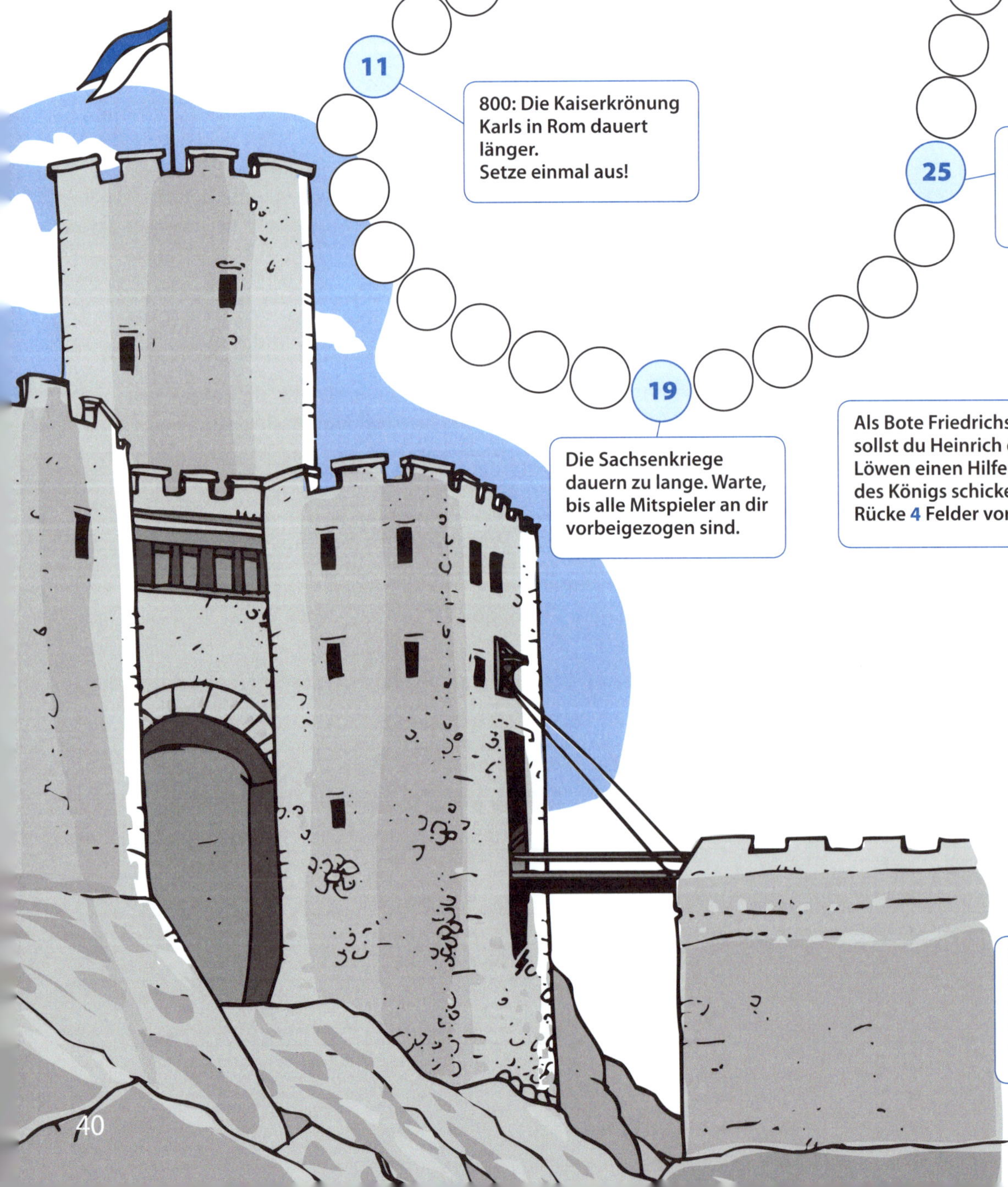

35

Du musst dich beeilen, um 936 an der Krönung Ottos I. in Aachen teilzunehmen.
Rücke 5 Felder vor!

40

Du hast König Otto I. zugejubelt und eine Münze bekommen.
Rücke 2 Felder vor!

46

An der Seite Otto I. bist du im Krieg gegen die Ungarn verletzt worden. Ruhe dich aus.
Einmal aussetzen!

51

962: Otto I. wird in Rom zum Kaiser gekrönt. Du bist dabei und rückst 6 Felder vor!

57

1152: Friedrich von Hohenstaufen wird König. Seine Herrschaft ist noch nicht gesichert. Warte ab und setze einmal aus!

65

1162 ziehst du mit Friedrich I. gegen Mailand.
Rücke 4 Felder vor!

72

Die Belagerung von Mailand dauert zu lange.
Setze zweimal aus!

75

Du bittest Friedrich für die Mailänder um Gnade.
Rücke 3 Felder vor!

95

Weil du dich gegen den König und auf die Seite Heinrichs des Löwen gestellt hast, musst du zweimal aussetzen.

102

1165: Du bist ein Mailänder Bürger und musst auf Befehl Friedrichs I. deine Heimatstadt verlassen.
Gehe 6 Felder zurück!

107

Heinrich der Löwe wird geächtet und verliert seine Herzogtümer.
Als Ritter in seinem Gefolge begleitest du ihn ins Exil nach England.
Gehe 2 Felder zurück!

110

Du bist Kaiser Friedrich I. Barbarossa immer ein treuer Ritter gewesen.
Gehe sofort ins Ziel!

Ziel

Das Lehnswesen – Herrschaftsform des Mittelalters

1 Das Schaubild zeigt in vereinfachter Form das Lehnswesen, wie es zur Zeit Karls des Großen entstand.
Beschrifte und erläutere danach kurz die folgenden Begriffe:

Lehnsherr: ____________________

____

____

____

Lehnsmann (Vasall): ____________________

____

____

____

Lehen: ____________________

____

____

____

Das Lehnswesen
(nach Bildern des 9. Jh.)
Der König ist Karl der Kahle, ein Enkel Karls des Großen, der von 840 bis 877 König des Westfrankenreichs war.

2 Nenne den Teil des Belehnungsvorgangs, der in dem Bild aus dem Mittelalter dargestellt ist.

Der Belehnungsvorgang
Die drei Schritte fanden öffentlich vor Zeugen statt.
1. **Der Handgang:** Der Vasall kniete vor dem sitzenden Herrn nieder und legte seine gefalteten Hände in die des Herrn. Manchmal wurde die für den Vasallen erniedrigende Zeremonie durch einen Lehnskuss etwas aufgewertet. Der Vasall durfte dabei den Senior auf die Wange küssen.
2. **Der Lehnseid (Huldigung):** Der Vasall verpflichtete sich seinem Herrn treu zu sein, ihm Hilfe und Beistand zu leisten und ihm keinen Schaden zuzufügen. Der Treueid, den der Lehnsmann in feierlicher Weise ablegte, gewann allmählich immer größeres Gewicht.
3. **Die Belehnung**, d. h. die Einweisung des Vasallen in den Besitz des Lehens, erfolgte unter Verwendung von Symbolen (Fahne, Zepter, Schwert, Lanze, Ring und Stab, Zweig, usw.).

Die Dreifelderwirtschaft

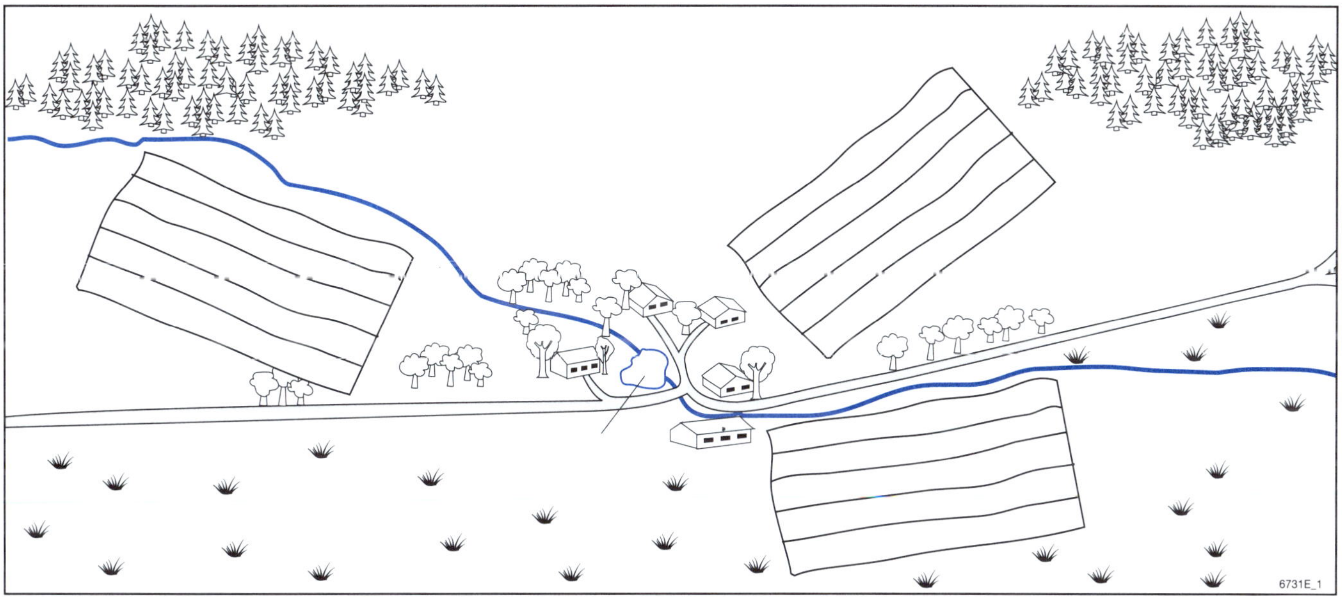

1 Male das Bild zur Dreifelderwirtschaft oben aus und beschrifte es nach der Vorlage im Buch. Kennzeichne die Felder, die Allmende und die Höfe.

2 Erläutere den Ablauf der Dreifelderwirtschaft.

3 Erkläre die Vorteile der Dreifelderwirtschaft hinsichtlich der Erträge bei der Ernte, der landwirtschaftlichen Arbeiten, des Wegebaus und der Einzäunungen.

4 Nenne die Gemeinschaftsaufgaben der fünf Bauern des kleinen Dorfes bei der Dreifelderwirtschaft. Beschreibe auch die Nutzung der Allmende.

Das Leben auf dem Lande im Mittelalter

1 Ergänze die Lücken mit folgenden Begriffen:

Fachwerk – Glasscheiben – Tiere – Garten – Wald – Feuer – Lehm – Dorf – Frondienst – Dreifelderwirtschaft – Zehnt – Grundherrn – Sommergetreide – Garten – abhängigen

Herrschaft

Im Mittelalter lebten neun von zehn Menschen auf dem Lande, die meisten davon in einem ____________________. Das Leben war hart. Die Bauern arbeiteten von früh bis spät. Meist gehörte das Land, das sie bearbeiteten, einem ____________________. Dieser gewährte den Bauern Schutz. Die ____________________ Bauern mussten dafür an bestimmten Tagen auf seinen Feldern arbeiten. Das nennt man ____________________. Außerdem mussten die Bauern Abgaben leisten, den ____________________.

Lebensbedingungen

Die Bauern bauten ihre Häuser aus Holz, Weidenruten und ____________________. Die Wände waren also aus ______________. Im Haus lebten sowohl Menschen als auch ____________________. Licht fiel durch kleine Öffnungen in der Wand in den Raum. Diese Fenster waren ohne ____________________. Wärme und Licht bekam das Haus durch das offene ____________________. Hinter jedem Haus war ein kleiner ____________________, wo die Menschen Gemüse anbauten. Die Schweine weidete man im ____________________.

Verbesserungen in der Landwirtschaft im Mittelalter

Die Bauern teilten ihre Felder auf. Ein Feld lag brach, auf einem Feld bauten sie Wintergetreide an, auf dem anderen ____________________. Das nennt man ____________________. Im Laufe der Zeit verbesserten sich die landwirtschaftlichen Geräte. Damit konnten die Bauern höhere Ernten einfahren.

Die Grundherrschaft

1 Lies die Textquelle und unterstreiche im Text mit Rot, wer der Grundherr ist.

2 Unterstreiche mit Grün die Abgaben der Bauern und mit Blau die Dienste, die sie dem Grundherrn erbringen müssen.

Das Kloster St. Germain hat in Nully eine Herrenhufe mit reichlichen Nebengebäuden. Es gibt dort zehn kleine Felder mit 40 Teilen Ackerland, darauf können 200 Scheffel Hafer gesät werden, neun große Wiesenstücke, von denen zehn Karren Heu geerntet werden können.

Der Knecht Electeus und seine Frau Landina, Eigenleute von Saint-Germain, bleiben in Nully. Er hat eine halbe Hufe, bestehend aus sechs Teilen Ackerland und einem halben Wiesenstück. Er pflügt bei der Winterbestellung vier Äcker, bei der Frühjahrsbestellung dreizehn. Er fährt Mist auf das Herrenfeld und tut und zahlt sonst nichts wegen des Dienstes, den er übernimmt als Vertreter des Grundherrn.

Der Knecht Abrahil und seine Frau Berthild, Eigenleute von Saint-Germain; das sind ihre Kinder: Abram, Avremar, Bertrade. Der Hörige Ceslin und seine Frau Leutberga; das sind ihre Kinder: Leutgard, Ingohild. Der Hörige Godalbert; das sind seine Kinder: Gedalcaus, Celsovild, Bladovild. Die drei Familien bleiben in Nully. Sie haben zusammen eine Hufe, bestehend aus 15 Teilen Ackerland und vier großen Wiesenstücken. Sie machen Spanndienst nach Angers und im Monat Mai nach Paris.

Sie erbringen für die Heeressteuer zwei Hammel. Weitere Abgaben: Neun Hühner, 30 Eier, 100 Bretter und ebensoviele Schindeln, zwölf Fassdauben, sechs Fassreifen, zwölf Fackeln. Sie fahren zwei Karren Holz nach Suré. Auf dem Herrenhof umzäunen sie vier Äcker mit Latten, vier Wiesen und Hecken; bei der Ernte arbeiten sie nach Bedarf. Sie pflügen zur Winterbestellung acht Äcker, zur Frühjahrsbestellung 26 Äcker. Neben dem normalen und außerordentlichen Felddienst fahren sie Mist aufs Herrenfeld. Jeder erbringt vier Pfennige Kopfzins (1 Pfennig = 1,6 g Silber) … Andere Frauen weben Tuch aus Wolle, die sie vom Kloster erhalten.

(Eine Hufe = Ackerland und Nutzungsrecht zum Lebensunterhalt einer Familie)

Güterverzeichnis des Klosters St. Germain-des-Prés in Nully (820)

3 Trage in die Tabelle ein, was die drei Familien, die in Nully bleiben, an Diensten und Abgaben leisten müssen.

Abgaben	Dienste

Herrliches Ritterleben

1 **In den Beispielen werden Dinge erwähnt, die ein Ritter benötigt. Suche sie zunächst in der Abbildung heraus. Dann versuche zu „übersetzen", welche Bedeutung die Redensarten heute haben.**

1. **Sattelfest sein:** ______________________________
2. **Auf hohem Ross sitzen:** ______________________________
3. **Hieb- und stichfest sein:** ______________________________
4. **Jemanden ausstechen:** ______________________________
5. **Entrüstet sein:** ______________________________
6. **Böses im Schilde führen:** ______________________________

2 **Fülle den Lückentext aus und verwende dabei folgende Begriffe:**

Ritterstand – Page – 7 – Kriegszüge – Knappe – Bauern – Tischmanieren – Frondienste – Burg – Abgaben – reiten – 12 – schießen – jagen – Geburt – Turniere – 21 – Schwertleite – Minne – Waffenhandwerk – Lebensunterhalt

Das Leben der Ritter

Ende des 12. Jahrhunderts wurden die Ritter ein adliger Stand, dem man durch ______________ angehörte. Ein künftiger Ritter kam bereits im Alter von _____ Jahren auf eine fremde ____________. Hier diente er zunächst als ____________, war Teil des Gefolges und lernte gesittete ______________. Im Alter von etwa _______ Jahren begann die eigentliche Ausbildung für das künftige ____________. Während dieser Lehrzeit wurde er als ____________ bezeichnet. Er lernte ______________ und ______________ und ______________ und begleitete seinen Lehrherrn auf ____________ gegen Feinde. Die Ausbildung endete mit _______ Jahren. In einer feierlichen Zeremonie erhielt er die ____________ und wurde in den ____________ aufgenommen. Jeder Ritter verfügte über Grundbesitz und war Herr über die ____________, die auf seinem Land lebten. Von ihnen forderte er ____________ auf seinen Feldern und in Form von Geld und Naturalien. Mit diesen Leistungen finanzierte er seinen ____________ und auch seine Kriegszüge. Als Kampfspiele fanden auf den Burgen ____________ statt, die der Übung für den Ernstfall dienten. Zum ritterlichen Leben zählte auch die Verehrung einer vornehmen Dame, was man damals als ____________ bezeichnete.

Leben auf der Burg

1 **Beschrifte die Teile der Burg mit folgenden Begriffen:**

Zugbrücke – Bergfried – Unteres Tor – Ställe – Schmiede – Brunnen – Mauer – Wehrgang – Getreidespeicher – Burghof – Hauptburg – Burgtor mit Pförtnerhaus – Kirche

5519Lb

Das Kloster – ein Ort mit

820 n. Chr. wurde für das Kloster St. Gallen ein Plan entwickelt. Dieses Idealbild eines mittelalterlichen Klosters wurde nie verwirklicht, war jedoch später Vorbild für viele Klosterbauten.

1 Fertige eine Kopie des Klosterplans auf Seite 49 an und lege sie neben die Zeichnung oben. Übertrage die Zahlen, mit denen einzelne Gebäude im Plan versehen sind, in die Zeichnung.

2 Kennzeichne auf dem Plan in jeweils unterschiedlichen Farben
a) alle Gebäude, die dem Leben und Arbeiten der Mönche bzw. Novizen dienten,
b) alle Ställe für die Tiere,
c) die Gebäude, in denen handwerkliche Berufe ausgeübt wurden,
d) die Einrichtungen, die der medizinischen Versorgung dienten,
e) alle Gebäude, in denen Fremde und Gäste des Klosters untergebracht waren.

3 Lege eine Liste mit den dir unbekannten Begriffen aus dem Plan an und schlage diese im Lexikon nach.

vielen Aufgaben

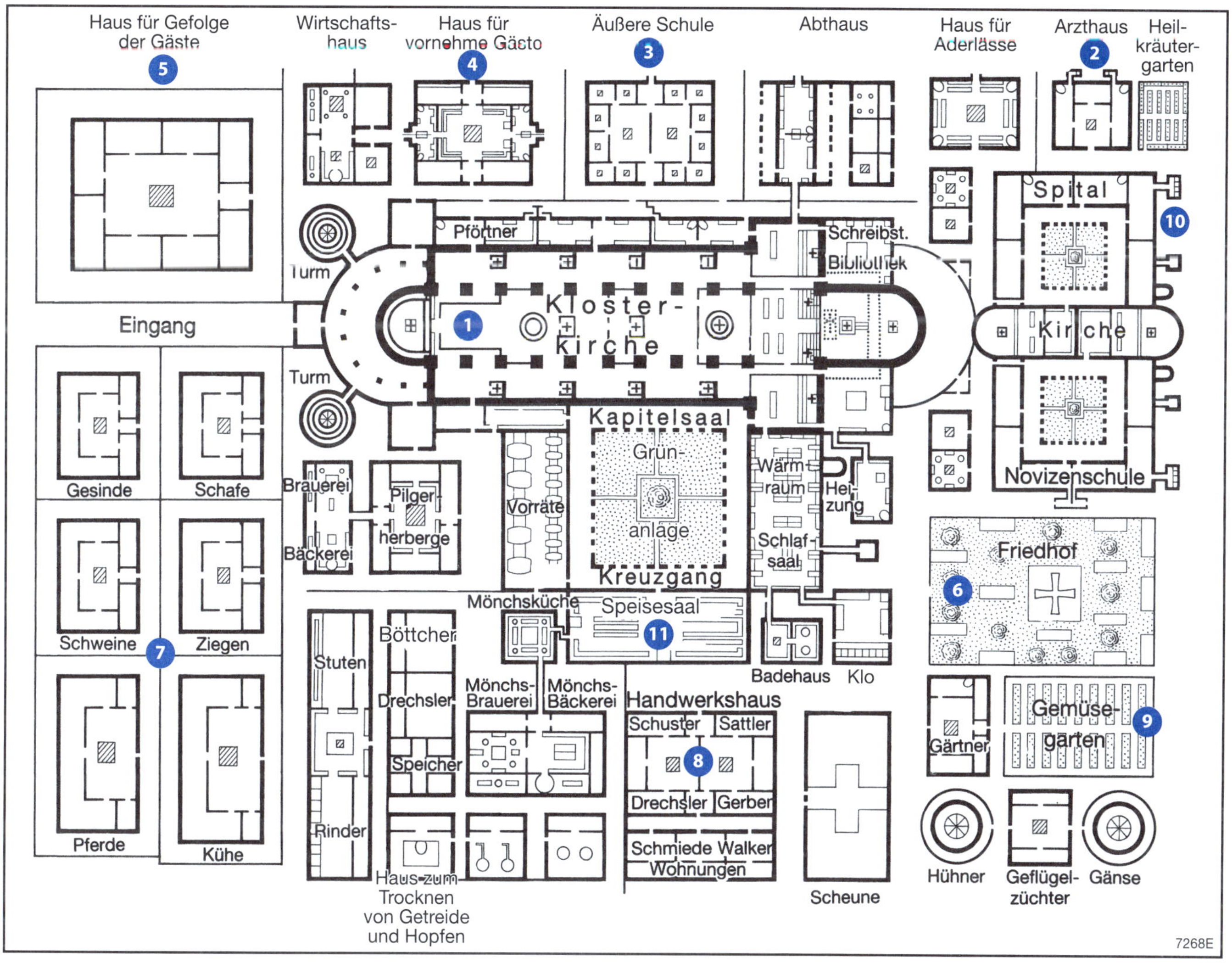

4 **Stelle mithilfe des Plans wichtige Aufgaben eines mittelalterlichen Klosters in deinem Heft zusammen.**

Entstehung und Anlage von Städten

Wo Städte im Mittelalter entstanden	Ursache der Entstehung	Nenne Beispiele mithilfe des Atlas

1 Fülle die Tabelle aus.

2 Hier siehst du den Stadtplan einer typischen mittelalterlichen Stadt. Male ihn aus. Verwende dabei die folgenden Farben:

Braun = Stadtmauern

Rot = Rathaus

Dunkelgrün = Marktplatz

Hellgrün = übrige Plätze

Hellblau = Namen von Straßen, die auf Handwerker hinweisen (Schrannen = Bänke der Schlachter oder Bäcker)

Lila = Kirchen und Klöster

Gelb = Straße, in der die Juden wohnen mussten

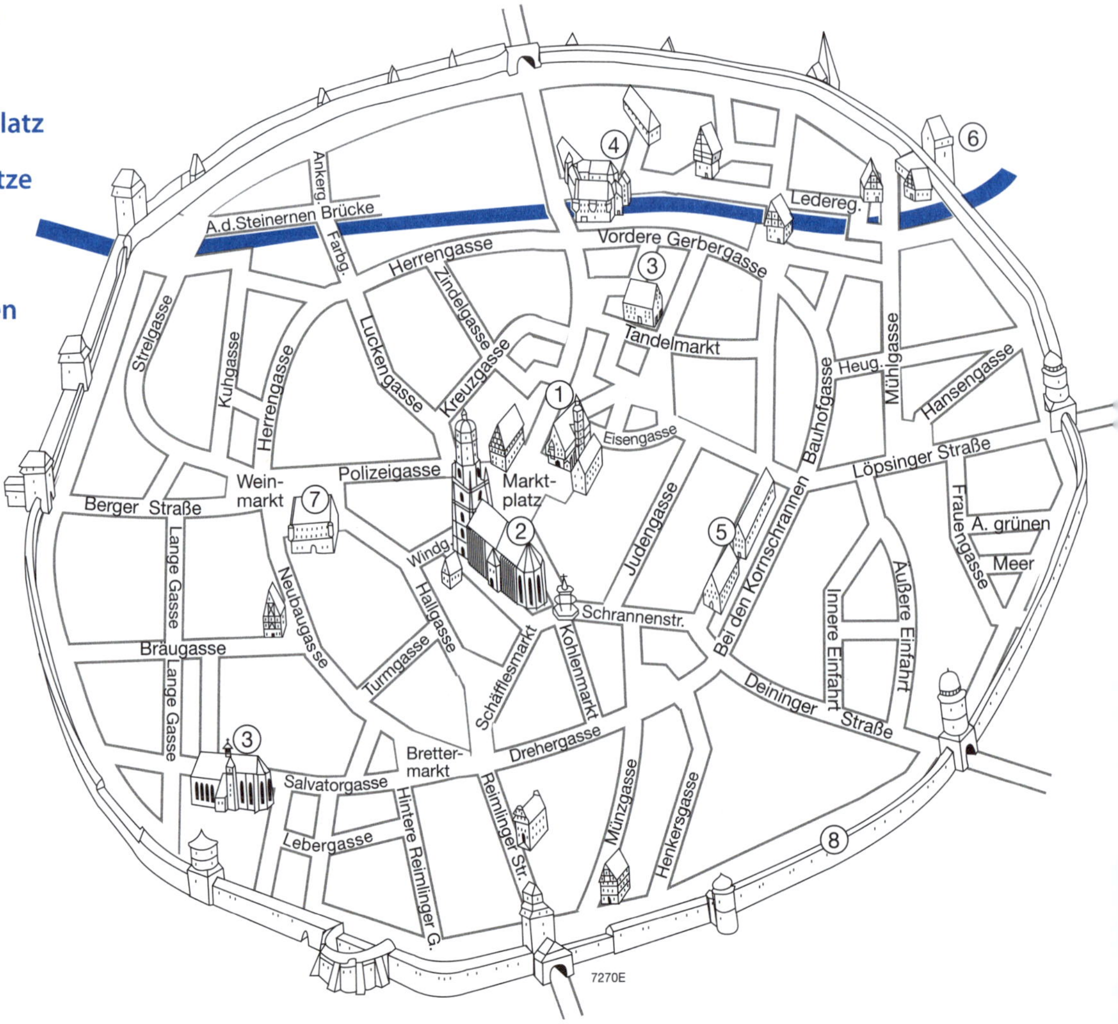

Die Selbstverwaltung der Städte

Als um 1000 n. Chr. Grafen, Fürsten und Bischöfe die ersten Städte in Deutschland gründeten, waren sie die Stadtherren. Später wurden die reichen Kaufleute, die Patrizier, die Herren der Stadt. Sie wählten einen Rat, der das städtische Leben genau regelte. Er legte Richtlinien für den Markt, die Feste, die Mode, die Kleidung, den Handel und das Handwerk fest. Später erkämpften sich auch die Handwerker das Recht, Vertreter in den Rat zu senden. Die unteren Schichten der Stadt, wozu die Tagelöhner, Bettler, Gaukler, Mägde, Henker und die Juden gehörten, durften keine Mitglieder des Rates bestimmen. Sie blieben von der Stadtverwaltung ausgeschlossen.

1 Ergänze im Schaubild folgende Begriffe:

Rat der Stadt – Gaukler – Juden – Handwerker – Patrizier – Mägde

2 Trage mithilfe des Textes weitere Richtlinien ein, die der Rat festlegte.

Markt, ______________________

____

____

Mittelalterliche Handwerke und ihre Zunftzeichen

1

2

3

4

a

5

6

f

b

c

d

e

1 Ordne die Bilder und Zunftzeichen den entsprechenden Berufen zu. Fülle die Tabelle aus.

Beruf	Bild	Zeichen
Färber		
Bildschnitzer		

Kinder im alten Ägypten

1 **Richtig oder falsch? Beantworte die Fragen mithilfe des Textes auf den Seiten 166/167 im Buch. Markiere die Aussagen mit einem r oder f.**

	Fast alle ägyptischen Kinder wuchsen in den großen Städten auf.
	Die Kinder halfen den Eltern.
	Mädchen und Jungen wurden für den Schreiberberuf ausgebildet.
	Oft trugen kleine Kinder auf dem sonst kahlköpfigen Kopf einzelne Lockenstreifen.
	Manchmal war Kindern das Trinken von Bier erlaubt.
	Wenn Schüler im Unterricht schwatzten, mussten sie nachsitzen.
	Schreibanfänger schrieben auf Tonscherben.
	Astronomie gehörte zum Lehrplan.
	Manche Kinder hatten Affen als Spielgefährten.

2 **Lies den hier abgedruckten Text aus einem Lehrbuch für die Ausbildung von jungen Schreibern und M5 auf Seite 167 im Buch. Versetze dich in die Lage des Schreiberlehrlings Hetepi (der Zufriedene), der seinem Onkel einen Brief über seine Ausbildung schreibt.**

„Liebe das Schreiben und hasse das Tanzen, dass du ein trefflicher Rat werdest. Neige dein Herz nicht dem Sportfeld zu, lass ab vom Bumerangwerfen oder Ballspielen. Bringe den ganzen Tag damit zu, dass deine Finger schreiben und lies in der Nacht. Verbrüdere dich mit der Buchrolle und dem Schreibzeug."

Lieber Onkel Schepesi (der Edle),

Dein Neffe Hetepi

Kinder im antiken Rom

Cornelia (12 Jahre) die Tochter des Weinhändlers Antonius, ihr Bruder Claudius (10 Jahre) und Marcus (13 Jahre), der Sohn eines Sklaven, 13 Jahre alt, unterhalten sich während der Sommerferien im Jahre 30 v. Chr. auf dem Landgut des Antonius.

Cornelia: Marcus, willst du dich nicht zu uns kommen und mit uns spielen? Ich habe genügend Nüsse hier.
Marcus: Würde ich ja gerne, aber euer Vater hat mir aufgetragen, dass ich noch die Einladungen für das Weinfest zu den benachbarten Gütern tragen muss.
Claudius: Ach bleib doch noch ein wenig. Ferien sind ja so langweilig. Die Eltern sind gerade in der Stadt und sehen nicht, wenn du die Einladungen etwas später austrägst.
Cornelia: Du bist gut, Claudius, jetzt klagst du über langweilige Ferien, aber wenn Schule ist, stöhnst du über den anstrengenden Unterricht.
Marcus: Ach, wenn ich nur Unterricht haben könnte, dann könnte ich wenigstens lesen und schreiben lernen.
Claudius: Ja, aber wann solltest du zur Schule gehen? Du musst ja morgens meinem Vater beim Ankleiden und Waschen helfen und ihn beim Frühstück bedienen.
Marcus: Außerdem kann mein Vater den Unterricht und die Wachstafel nicht bezahlen.
Cornelia: Das ist schon komisch. Claudius würde gern mal schwänzen, traut sich das aber nicht, weil er Angst vor den Prügeln des Lehrers hat. Und du möchtest so gern zur Schule gehen.
Marcus: Manchmal zeigt mir euer griechischer Pädagoge Alexander heimlich einige Buchstaben und malt sie in den Sand. Aber ich kann erst ganz wenige.
Claudius: Sei doch froh, dass du nicht zur Schule musst. Wir müssen dort ja nicht nur lesen und schreiben, sondern auch noch rechnen und auswendig lernen. Das ist ganz schön anstrengend. Wenn ich 13 bin, soll ich auch noch in die Grammatikschule gehen und danach vielleicht noch die Redekunst studieren. Mein Vater möchte, dass ich später in die Politik gehe.
Cornelia: Ich brauch nur noch ein Jahr in die Schule zu gehen, dann darf ich zu Hause bleiben und lerne alles von meiner Mutter. Vielleicht kann ich dir dann heimlich noch mehr von dem beibringen, was ich in der Schule gelernt habe.
Marcus: Das wäre schön. Aber was ist, wenn deine Eltern uns erwischen?
Cornelia: Vielleicht kann ich bei günstiger Gelegenheit mit meinem Vater sprechen, dass er dir eine Wachstafel und einen Griffel kauft. Vielleicht gestattet er auch, dass Alexander dir gelegentlich eine Stunde gibt.
Marcus: Ach, ich glaub ja nicht daran. Aber jetzt muss ich mich wirklich beeilen und die Briefe austragen.

1 Lest das Gespräch mit verteilten Rollen.

2 Markiere Aussagen, die dir wichtig erscheinen.

3 Trage in der Tabelle ein, was für die jeweilige Person zutrifft.

	Cornelia	Claudius	Marcus
Zeit zum Spielen			
Mitarbeit im Haushalt			
Schulbesuch			
Ausbildung			
Zukunftsaussichten			

Spiele im Mittelalter

Auf dem Bild siehst du ein Gemälde von P. Brueghel aus dem Jahre 1560.

1 Auf dem Bild sind einige Spiele mit einer Zahl markiert. Schreibe die Zahl auf und benenne das jeweilige Spiel.

2 Findest du weitere Spiele, die dir bekannt sind? Dann notiere sie ebenfalls unten.

Die Geschichte vom Zappel-Philipp

Die Geschichte vom Zappel-Philipp

„Ob der Philipp heute still
wohl bei Tische sitzen will?“
Also sprach in ernstem Ton
der Papa zu seinem Sohn,
und die Mutter blickte stumm
auf dem ganzen Tisch herum.
Doch der Philipp hörte nicht,
was zu ihm der Vater spricht.
Er gaukelt
und schaukelt,
er trappelt
und zappelt
auf dem Stuhle hin und her.
„Philipp, das mißfällt mir sehr!“

Du siehst hier die Geschichte vom Zappel-Philipp aus dem Bilderbuch „Der Struwwelpeter“, das 1845 erstmals erschienen ist. Das Titelbild dazu ist auf Seite 172 im Buch abgebildet. Auf dem Einband steht außerdem, dass es sich um lustige Geschichten und drollige Bilder für Kinder von 3 bis 6 Jahren handelt.

1 **Beschreibe die drei dargestellten Situationen anhand der Bilder und Texte.**

2 **Äußere deine Meinung zu den drei letzten Zeilen der Geschichte.**

3 **Erläutere, wie man mithilfe dieser Bilderbuchgeschichte kleine Kinder erziehen wollte.**

4 **Beurteile, ob es sich um eine „lustige Geschichte und drollige Bilder“ für 3-6-Jährige handelt.**

5 **Nenne Gründe, warum solche Geschichten heutzutage bei der Erziehung von kleinen Kindern nicht mehr eingesetzt werden.**

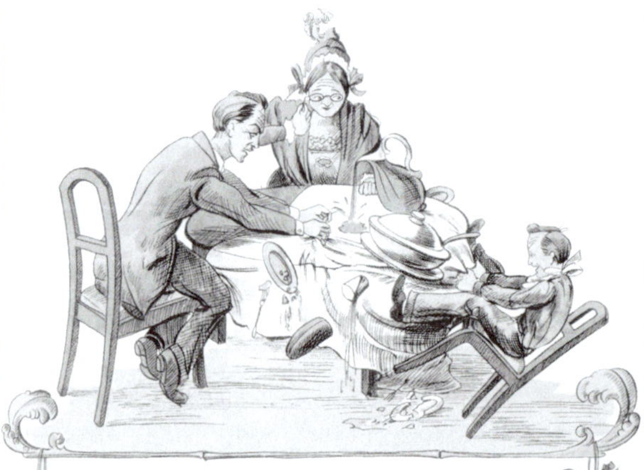

Seht, ihr lieben Kinder, seht,
wie's dem Philipp weiter geht!
Oben steht es auf dem Bild.
Seht! Er schaukelt gar zu wild,
bis der Stuhl nach hinten fällt.
Da ist nichts mehr, was ihn hält.
Nach dem Tischtuch greift er,
schreit.
Doch was hilft's? Zu gleicher Zeit
fallen Teller, Fleisch und Brot.
Vater ist in großer Not,
und die Mutter blicket stumm
auf dem ganzen Tisch herum.

Nun ist Philipp ganz versteckt,
und der Tisch ist abgedeckt.
Was der Vater essen wollt,
unten auf der Erde rollt.
Suppe, Brot und alle Bissen,
alles ist herabgerissen.
Suppenschüssel ist entzwei,
und die Eltern stehn dabei.
Beide sind gar zornig sehr,
haben nichts zu essen mehr.

Kinderarbeit im 19. Jahrhundert

Gewerbezweig	Kinder	Art der gewerblichen Arbeit	Kinder
Bäckerei	52	a) Austragen der Waren	50
		b) Abwiegen und Rühren des Teigs	2
Flachs-Spinnen	79	Spinnen	79
Kolonialwarenhandlung	22	a) Waren austragen	17
		b) Bedienung im Laden	4
		c) Petroleum abzapfen	1
Korb- und Stuhlflechterei	112	a) Austragen der Waren	3
		b) Flechten	107
		c) Sortieren der Weiden	2
Leinenweberei	412	Spulen – Winden	412
Manufakturwarenhandlung	63	a) Nähen von Hemden und Jäckchen	55
		b) Austragen der Waren	8
Plüschweberei	53	a) Spulen – Winden	37
		b) sonstige Hilfsarbeiten	16
Schankwirtschaft	252	a) Kegelaufstellen	242
		b) Flaschen spülen	8
		c) Botengänge	2
Tabaksfabrikation	285	a) Entrinden des Tabaks	273
		b)Aufsetzen des Deckblatts	3
		c) Zusammenlegen und Glätten der Blätter	3
		d) Bedienen der Maschine	1
Plätterei	31	Austragen der Wäsche	31
Zeitungsexpedition	157	Zeitungsaustragen	157

Liste von Tätigkeiten, die Kinder unter 14 Jahren im 19. Jahrhundert in Lippe ausgeübt haben.

1 Kläre mithilfe eines Lexikons dir unbekannte Berufe und Tätigkeiten.

2 Erstelle eine neue Tabelle und liste dabei die Gewerbezweige in einer neuen Reihenfolge auf. Der Gewerbezweig, in dem die meisten Kinder arbeiteten, soll an erster Stelle stehen.

3 Markiere mit roter Farbe in der Liste die Tätigkeiten, die heute von Maschinen erledigt werden.

4 Schreibe die Tätigkeiten auf, die auch heute noch von Kindern unter 14 Jahren ausgeübt werden. Beachte dazu Seite 174 im Buch.

5 Versetze dich in die Lage eines 12-jährigen Kindes im 19. Jahrhundert, das arbeiten musste. Welche Tätigkeit hättest du am wenigsten gern ausgeübt, welche am liebsten? Begründe deine Auffassung.

Geboren 1885 – ein Leben auf dem Lande

„Heinrich“, sagte die Mutter zu ihrem 12jährigen Sohn, als er am letzten Schultag vor den Osterferien des Jahres 1897 mit dem Zeugnisheft nach Hause kam, „so geht das nicht weiter. Du hast in „Fleiß und Fortschritte“ „nicht ganz befriedigend“ bekommen. Mit dem nächsten Zeugnis in zwei Jahren verlässt du die Schule und musst eine Lehre als Maurer beginnen. Da musst du eine bessere Beurteilung haben.“ Heinrich, der sonst ein lieber Junge war und gut singen konnte, guckte schuldbewusst. Er musste ja zugeben, dass er nicht viel für die Schule getan hatte. Aber er hatte ja auch seinem Vater beim Sammeln der Reisigzweige für die Besen und beim Hausschlachten helfen müssen. Sein Vater hatte drei Berufe: Er war Maurer, Waldarbeiter und Hausschlachter. Da gab es auch für Heinrich immer viel zu tun. Außerdem hatte der Vater gerade ein neues großes Haus aus rotem Backstein für die Familie gebaut mit einer Diele für die Heuwagen und einem Stall für die Ziegen, Schweine und Hühner. Da musste Heinrich oft die Backsteine anreichen und viel fegen. Dafür war das Haus auch wirklich groß. Heinrich hatte seine eigene Kammer und seine drei Jahre jüngere Schwester Auguste hatte auch eine eigene bekommen. Das hatten nicht viele. Heizen konnte man die Kammern allerdings nicht.

Tatsächlich strengte Heinrich sich in der Schule an und bekam zwei Jahre später in seinem Entlassungszeugnis in „Fleiß und Fortschritte“ ein „gut“. Übrigens in Betragen sogar „sehr gut.“ Im April 1899 begann Heinrich seine Lehre bei Maurermeister Henke im Dorf. Das war ein großes Glück für ihn, weil er im Gegensatz zu anderen Lehrlingen zu Hause bei seinen Eltern wohnen bleiben konnte. Sein Freund Friedrich lernte Schneider in einem Dorf 20 km entfernt und musste während der Woche dort auf dem Dachboden schlafen. Alle zwei Wochen durfte er am Sonntag mit dem Zug nach Hause fahren. Heinrich machte seine Lehre und arbeitete anschließend wie sein Vater als Maurer, Waldarbeiter und Hausschlachter.

Da Heinrich ziemlich groß war, nämlich 1,85 m, und Kaiser Wilhelm II. für seine Garde in Berlin schlanke große Soldaten suchte, bewarb sich Heinrich dafür. Und tatsächlich, er wurde genommen. So tat er von 1905-1907 seinen Dienst als Gefreiter vor dem Schloss in Berlin. Das war für Heinrich eine große Zeit. War er doch vom Land in die große Stadt gekommen. Besonders gern ging er „Unter den Linden“ spazieren, wo im Sommer im Freien oft Musikveranstaltungen stattfanden. Heinrich hörte am liebsten die Operette „Frau Luna“ von Paul Linke. Einmal konnte er die Tochter des Kaisers, die zierliche Viktoria Luise, sehen. Fortan schwärmte er für sie.

Wieder nach Lauenförde zurückgekommen, verliebte er sich in Anna, die Köchin bei Kommerzienrat Löwenherz, dem Gründer der Firma Herlag, war. Die beiden heirateten 1910. Anna kündigte ihre Stellung, um den eigenen Haushalt zu führen, kochte aber manchmal als Kochfrau auf Konfirmationen und Hochzeiten. Heinrich und Anna bekamen drei Kinder.

Im Ersten Weltkrieg musste Heinrich von 1915 bis 1917 als Soldat nach Russland. Er musste aber nicht an der Front kämpfen, sondern war im Bautrupp beschäftigt. So kam er am Ende des Krieges wieder gesund nach Hause und lebte bis 1970.

1 Lies den Text.

2 Markiere die wichtigsten Informationen über Heinrich.

3 Vergleiche deine Markierungen mit denen deines Nachbarn oder deiner Nachbarin und einigt euch darauf, welche Informationen ihr für wichtig haltet.

4 Fertigt ein Lernplakat an mit dem Titel „Heinrich Wrede. Beispiel für ein Leben in der Kaiserzeit.“ Sucht dafür nach Fotos im Internet und präsentiert abschließend euer Plakat vor der Klasse.

Kindheit im Nationalsozialismus

Die beiden Berichte stammen von Erwachsenen, die ihre Kindheit in der Zeit des Nationalsozialismus verbrachten.

A

Ja, ich war auch als Pimpf im Jungvolk und zuerst mit Leib und Seele dabei. Ich war 1933 12 Jahre alt und begeistert, wenn viel vom Vaterland, von der Volksgemeinschaft und Kameradschaft gesprochen wurde. Ich liebte meine Heimat und glaubte dem Spruch: „Du bist nichts, dein Volk ist alles!". Es machte auch Spaß, wenn wir Jungen auf Fahrt und ins Lager gingen und abends vor unseren Zelten am Lagerfeuer die alten Soldatenlieder aus vergangenen Kriegen sangen. Oft sangen wir auch: „Unsere Fahne flattert uns voran…"
(…) So war ich auch stolz, als ich mit 14 Jahren Führer eines Zuges von rund 30 Jungen wurde. Ich musste als Pimpfenführer nicht in die HJ und bin bis zum Abitur im Jungvolk geblieben… Mit meinem Vater hatte ich oft Krach. Er hatte bis 1933 immer SPD gewählt und warnte mich davor, alles kritiklos hinzunehmen. Er machte mich auf die verlogenen Sprüche und Friedensparolen der Nationalsozialisten aufmerksam. So kam es oft zu heftigem Streit zwischen uns. Darüber wagte ich nie, mit anderen Jungen zu sprechen.

Zeitzeugenbefragung

B

Als meine Freunde bei den „Pimpfen" im „Jungvolk" und in der „HJ" marschierten, fühlte ich mich als Außenseiter – nicht als einer, der nicht dabei zu sein brauchte, sondern als einer, der nicht dabei sein durfte. Ich wäre damals lieber mitmarschiert. Dabei glaube ich nicht einmal, dass es die Uniformen waren, die mich reizten und die (…) „Geländespiele", die einen fast kriegerischen Vorgeschmack gaben (…) – sondern es war etwas anderes: Als Kind will man nicht anders sein als andere Kinder. (…) Die Anpassung hat Vorrang, die Ausnahme hat etwas Bedrohliches.
Als der Krieg sich dann zusammenzubrauen begann und der Antisemitismus der Nazis immer fanatischer wurde, da erwachte auch ich und machte mir meine Gedanken. Ich las schon mit dreizehn Jahren aufmerksam Zeitungen und versuchte mir ein Bild dessen zu machen, was wir zu erwarten hatten und wie wir es überstehen konnten. (…)
Feindseligkeit umgab uns. Eine unheimliche Atmosphäre des Hasses und des Unheils hatte sich zusammengezogen. Bald sollten für uns Juden die Lichter ausgehen.

Hans Rosenthal: Zwei Leben in Deutschland, Bergisch-Gladbach: Lübbe 1987, S. 37/38

1 Erläutere mithilfe des Schaubilds auf Seite 179 im Buch, welche Position der Junge, der in Text A berichtet, in der nationalsozialistischen Jugendorganisation hatte.

2 Der Junge, der in Text B berichtet, war nicht bei der HJ. Erkläre, warum er ausgeschlossen war und schildere, wie er die Zeit erlebte.

3 Schreibt in Partnerarbeit einen Dialog, wie er zwischen den beiden Kindern stattgefunden haben könnte: Die beiden treffen sich auf der Straße, der eine ist auf dem Weg zum Jungvolk.

4 Lest oder spielt euren Dialog in der Klasse vor.

Kolumbus und das neue Weltbild

9. August 1492
„Als wir Teneriffa passierten, konnten wir gerade den Ausbruch des Vulkans beobachten. Der Rauch und die Flammen, die glühenden Lavamassen, das dumpfe Getöse, das aus dem Erdinnern kam, versetzten die Mannschaft in panischen Schrecken. Ein böses Omen - was sonst?“
6. September 1492
„Das sind Höllenqualen! Wir liegen bei völliger Windstille zwischen Gran Canaria und La Gomera. Auch darin sieht die Mannschaft ein böses Omen.“
20. September 1492
„Die fröhlichen Mienen sind wieder verschwunden, denn irgendwer hat das Gerücht in Umlauf gebracht, hier wehe der Wind immer von Osten und Westen und deshalb sei eine Rückkehr nicht möglich.“
23. September 1492
„Noch immer kein Land! Das Meer ist wieder dicht von grünen Pflanzen und Kräutern bedeckt, manchmal sogar so dicht, dass die Schiffe nur mühsam vorwärts kommen. Die Mannschaft murrt wieder und die tollsten Mutmaßungen springen von einem Schiff zum anderen über.“

M1 Auszug aus dem Bordbuch des Kolumbus

Ende des 15. Jahrhunderts setzte sich ein neues Weltbild durch, das auch Voraussetzung für die Fahrt des Kolumbus war.

1 Nenne die beiden Forscher, die erstmals einen wissenschaftlichen Beweis für dieses neue Weltbild lieferten.

___

2 Erläutere Unterschiede zwischen dem alten und dem neuen Weltbild.

___

___

___

___

3 Mit welchen Widerständen hatte vor allem der eine der beiden Forscher in Italien zu kämpfen? Schreibe in dein Heft.

4 Warum lehnte die Kirche das neue Weltbild ab? Schreibe in dein Heft.

5 Benenne in Stichworten Probleme, mit denen Kolumbus während der Fahrt über den Atlantik zu kämpfen hatte.

___

___

___

___

___

___

___

___

6 Nenne den Namen, den das von Pflanzen und Kräutern bedeckte Meer (M1) heute trägt.

___

Das Bild von der Welt ändert sich

1 Trage in die Karte unten die Namen der Kontinente und der Meere ein.

2 Die Karte oben stammt aus dem Jahr 1508. Vergleiche sie mit der Karte unten.
a) Stimmen die Größenverhältnisse der Kontinente überein?
Wo gibt es Abweichungen? Suche nach Gründen dafür.

Übereinstimmungen ____________________

Abweichungen ____________________

Gründe dafür ____________________

Die Folgen der Entdeckungen

Aristoteles sagt, ein Herrenregiment sei dann gerechtfertigt, wenn es sich auf solche erstreckt, die von Natur Sklaven und Barbaren sind, d. h. denen Urteil und Einsicht fehlen, wie es bei diesen Indianern der Fall ist, die nach allgemeinen Aussagen sprechenden Tieren gleichen. Da nun die Indianer schlecht und mit vielen Lastern behaftet sind, ein träges Volk ohne Veranlagung zum Guten, kann Eure Hoheit sie rechtmäßigerweise in Dienstbarkeit versetzen.

M1 Auszug aus einem Gutachten des königlichen Beichtvaters Gregorio aus dem Jahr 1512 zur „Indianerfrage"

Wenn die Eingeborenen also Sklaven waren, durften die Spanier auch die Herrschaft über sie beanspruchen. Dagegen wird aber nun geltend gemacht, dass sie doch vorher im ungestörten Besitz ihrer Güter waren. Also muss man sie auch bis zum Beweis des Gegenteils als Eigentümer betrachten und darf sie nicht aus ihrem Besitz vertreiben.
Ich behaupte, dass nichts die Eingeborenen hindert rechtmäßige Herren zu sein. Es steht nämlich fest, dass sie nicht geistiger Fähigkeiten ermangeln, sondern in ihrer Weise vernünftig handeln. Aus dem Gesagten wird klar, dass die Spanier bei ihrer ersten Fahrt in die Länder der Eingeborenen keinerlei Rechte besaßen, deren Gebiet zu nehmen.

M2 Aus einer Vorlesung des Dominikaners Franciscus de Vitoria im Jahr 1538 in der spanischen Stadt Salamanca

Seine Majestät befiehlt, dass Indianer nicht gegen ihren Willen zur Arbeit in den Bergwerken eingestellt werden sollen; und darauf befiehlt seine Majestät, dass man sehr darauf achtgeben soll, dass die Bergwerke ausgebeutet werden … Eure Gnaden und alle Herren (des Indienrates) mögen sich über eine Sache keiner Täuschung hingeben, nämlich dass die Bergwerke mit Spaniern ausgebeutet werden können; denn hierfür gibt es wenige und diese (Spanier) sind von so großer Einbildung, dass sie eher vor Hunger sterben, als dass jemand eine Hacke in die Hand nimmt.

M3 Der Vizekönig von Peru schrieb am 31. August 1563 an den Indienrat, die spanische Zentralbehörde für alle Kolonialangelegenheiten

1 a) Liste auf, mit welchen Argumenten Gregorio die Unterwerfung der Indios rechtfertigt (M1).

____

____

____

____

____

b) Welche Gegenargumente führt Vitoria an (M2)?

____

____

____

____

2 a) Nenne die Forderungen des Königs hinsichtlich der einheimischen Indianer (M3).

____

____

b) Halte fest, was er hinsichtlich der Edelmetallgewinnung in den Bergwerken fordert.

____

____

3 a) Beschreibe, worin der Vizekönig vor Ort Probleme bei der Erfüllung der Forderungen des spanischen Königs sieht.

____

____

b) Erläutere, wie die Realität für die indianische Bevölkerung ausgesehen haben wird.

____

____

Das Bild der Europäer von den Indianern

M1 In der Neuen Welt (Kupferstich eines Europäers, 1592)

M2 Das Handeln der Eroberer aus europäischer Sicht (1552)

„Dank ihrer Tugenden und ihrer Gesetze können die Spanier die Barbarei besiegen und diese Völker lehren ein menschliches und tugendhaftes Leben zu führen. Und wenn sie diese Regeln ablehnen, darf man sie ihnen mit Waffengewalt aufzwingen."

M3 Juan Ginés de Sepúlveda, Rechtsgelehrter und Chronist des spanischen Königs Karl V. (1550)

„Da die Indianer nach allgemeiner Aussage sprechenden Tieren gleichen, ein träges Volk ohne Veranlagung zum Guten (sind), kann (man) sie rechtmäßigerweise in Dienstbarkeit versetzen ... (Man verfügt über sie), weil die völlige Freiheit ihnen schadet."

M4 Beichtvater des spanischen Königs Karl V. (1512)

„Warum unterdrückt ihr sie und beutet sie aus, ohne ihnen Nahrung zu geben und sie zu pflegen, wenn sie krank sind, so dass sie von der übermäßigen Arbeit, die ihr ihnen zumutet, sterben ...? Sind dies nicht Menschen? Haben sie keine vernünftige Seele? Seid ihr nicht verpflichtet sie zu lieben wie euch selbst?"

M5 Antonio de Montesinos, spanischer Mönch (1511)

„... dass die Spanier keinerlei Rechte besaßen, die Gebiete der Indianer in Besitz zu nehmen, da diese die rechtmäßigen Herren waren. Auch wenn sie den christlichen Glauben nach vielen Predigten nicht annehmen wollten, dürfte man sie nicht mit Krieg überziehen oder berauben, denn der Glaube ist freiwillig."

M6 Francisco de Vitoria, spanischer Theologe (1538)

1 Bearbeite die folgenden Aufgaben in deinem Heft:

a) Nenne die Rechte und Pflichten, welche die Europäer gegenüber den Einheimischen beanspruchten.

b) Begründe, warum die Europäer diese Haltung zeigen.

c) Beschreibe, wie die Europäer sich selbst und wie sie die Einheimischen sehen.

d) Befürwortet oder kritisiert der Verfasser des jeweiligen Textes das Verhalten der Europäer gegenüber den Einheimischen? Beurteile.

2 Beschreibe die beiden Abbildungen M1 und M2 und entscheide, welchen Texten sie zuzuordnen sind.

Ausbeutung der Kolonien in Süd- und Mittelalmerika

1 Beschreibe den Dreieckshandel, indem du die richtigen Begriffe den Ziffern an den Pfeilen in der Karte M1 zuordnest.

① ______________________

____

____

② ______________________

____

____

③ ______________________

____

____

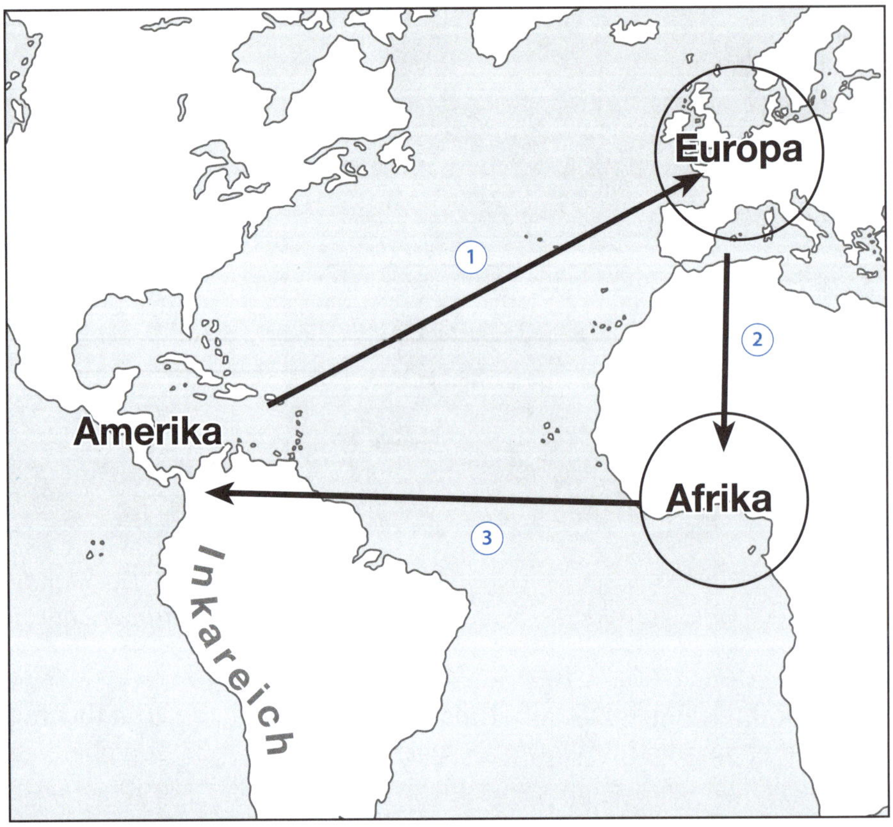

M1 Der Dreieckshandel

„Die Spanier schleppten die verheirateten Männer zum Gold graben fort und die Frauen blieben in den Häusern und auf den Farmen zurück, um dort die Feldarbeit zu verrichten. Sie mussten die Erde mit Pfählen, die im Feuer gehärtet waren, aufbrechen. So kam es, dass die Geburten fast aufhörten.

Die neugeborenen Kinder konnten sich nicht entwickeln, weil die Mütter, von Anstrengung und Hunger erschöpft, keine Nahrung für sie hatten. Aus diesem Grunde starben z. B. auf der Insel Kuba … 7000 Kinder im Laufe von drei Monaten; einige Mütter erdrosselten vor Verzweiflung ihre Kinder. So starben die Männer in den Goldminen, die Frauen auf den Farmen vor Erschöpfung.

Weite Gebiete, einst von Menschen mit hoher Kultur bewohnt, sind heute entvölkert."

M2 Bericht des Missionars und Bischofs Bartolomeo de las Casas über die Ausbeutung der Indianer durch die Spanier (1550)

2 Nenne anhand des Berichtes von las Casas (M2) mehrere Ursachen, die zur „Entvölkerung" ganzer Landstriche führten.

____

____

____

____

____